나는 나를 돌봅니다

나는 나를 돌봅니다

박진영 지음

자기 자비,
나와 친해지는 연습

우리학교

차례

Intro

내가 나의 가장 좋은 친구가 될 수는 없을까요?

시험 성적이 잘 안 나왔습니다. 또는 학교에서 선생님이 물어본 질문에 제대로 답을 하지 못했어요. 물건을 잃어버리거나 망가뜨리는 실수도 자주 합니다. 덜렁대다가 답안지를 틀리게 작성한 적도 있습니다. 생각 없이 말해서 친구의 마음을 상하게 하고는 후회한 일도 있었죠. 또 어떤 때는 내가 뚱뚱하고 못생긴 것 같아서 창피합니다. 나보다 다른 사람들이 더 예쁘고 똑똑한 것 같고요. 나는 단점이 너무 많아서 이런 나를 좋아해 줄 사람은 없을 거라고 생각하곤 합니다. 친구들도 선생님도 나를 별로 좋아하지 않는 것 같고 가족들도 내게 실망한 것 같아요. 아니면 언젠가 사람들이 나한테 실망할까 봐 무섭습니다.

위와 같은 예시처럼 지금까지 겪은 일들 중에 가장 부끄러웠고 후회되거나 내가 싫었던 경험에 대해 써 봅시다. 바보같이 실수를 했다거나, 열심히 했는데 결과가 안 좋았다거나, 그냥 내가 뚱뚱하고 못생긴 것 같아서 싫었던 적이 있었다거나 아무거나 다 좋아요. 그중 가장 힘들었던 경험을 떠올려 봐요.

생각해 봅시다

1. 어떤 일이었나요?

2. 왜 부끄럽다는 생각이 들었나요?

3. 내가 얼마나 바보 같고 멍청하다고 느꼈나요?

4. 가족이나 친구에게 비슷한 일이 있었나요? 만약 소중한 사람이 비슷하게 힘든 일을 겪었을 때 뭐라고 말해 주면 좋을까요?

5. 힘들어하고 있는 나에게 말할 때와 친구에게 말할 때 차이가 있나요? 있다면 무엇이 다른가요?

누구나 한 번쯤은 위와 같은 실수를 하거나 잘못을 저지르곤 합니다. 이럴 때 '나는 정말 바보야. 내가 그렇지 뭐. 부모님이나 친구들은 이런 나를 싫어할 거야.' 같은 생각을 하지는 않나요? 하지만 단 한 번도 잘못을 하지 않거나 부족한 점이 전혀 없는 완벽한 인간이란 이 세상에 존재하지 않습니다. 내가 부족한 점이 있듯이 내 친구들 또한 그렇고요. 항상 옳은 말만 하는 것처럼 보이는 어른들 또한 결코 완벽하지 않답니다.

어떤 사람이든지 살면서 한두 번쯤은 바보 같은 짓이나 큰 실수를 저지르기도 하고 실패도 맛보곤 합니다. 그것을 알기 때문에 우리는 친구들이 크게 좌절하거나 속상해할 때 "괜찮아. 다음에 더 잘하면 되지. 넌 충분히 열심히 했어. 내가 도와줄 건 없을까?" 하고 위로를 보냅니다. 누구나 한두 번쯤 할 수 있는 실수나 실패로 크게 마음 아파하는 친구가 안타깝기 때문이겠지요.

소중한 사람에게 "네가 그러면 그렇지. 이 바보야, 너는 왜 그 모양이니?" 같은 막말을 하는 사람은 없을 거예요. 이미 힘들어하고 있는 친구에게 또 다른 상처를 주는 건 몹쓸 짓이니까요. 친구가 조금이라도 덜 힘들어하도록 따뜻하게 감싸 주고 기운을 북돋아 주려고 할 겁니다.

하지만 안타깝게도 유독 자기 자신에게 엄격한 사람들이 있습니다. 친구들이 실수했을 때는 괜찮다고, 다 잘될 거라고 따뜻한 위로와 응원을 보낼 줄 알면서, 자신이 잘못했을 때에는 '나는 정말 바보야. 이런 내가 정말 싫어.'라며 매정하게 구는 사람이 많지요. 친구가 힘들어할 때는 친구에게 필요한 따뜻한 응원과 위로를 건네면서 왜 나 자신한테는 이렇게 못된 말들을 쏟아붓는 걸까요? 소중한 사람에게 그러하듯이, 힘들어하는 나에게도 따뜻한 말을 건넬 수는 없는 걸까요?

성적이 좋다고 해서 친구를 더 많이 좋아하고 성적이 떨어졌다고 해서 덜 좋아하지는 않을 겁니다. 바보 같은 행동을 하거나 장난을 쳐도, 때로는 실수를 하더라도 그냥 내 친구라서 좋은 것이죠. 함께 즐겁게 웃을 수 있어서, 내 말을 잘 들어 줘서 같은

사소한 이유로 우리는 서로 친구가 되고 마음을 나눕니다.

내 친구들이 얼마나 단점이 없고 장점이 많은지 점수를 매겨서 오디션을 하듯 순위를 매기지는 않을 거예요. 1등을 가장 좋아하고 2등은 그것보다 덜 좋아하고 순서대로 꼴등을 가장 싫어하는 일은 잘 일어나지 않습니다. 오늘 저 친구가 옷에 밥풀을 흘렸으니 친구 점수를 1점 감점해야겠다거나, 어떤 친구가 체육 시간에 시합에서 졌으니 -5점 해야겠다고 생각하지는 않잖아요. 또 아이돌처럼 예쁘지 않고 평범하게 생겼다고 해서 저런 애들이랑 친하게 지낼 수는 없다고 생각하는 일도 없을 거예요.

그런데 왜 내가 하는 행동에 대해서는 하나하나 잘했다거나 잘 못했다고 매번 점수를 매기는 걸까요? 바보 같은 실수를 했다거나, 뚱뚱한 것 같고 얼굴도 별로 예쁘지 않다며 이런 내가 싫다고 생각하는 일들 말이에요. 나보다 공부를 잘하거나 운동을 잘하거나 더 예쁜 친구들을 보면서 저런 사람들보다 못났다고 비교하고, 나에게 낮은 점수를 매기고, 나를 싫어하는 행동을 자꾸 하게 되잖아요.

'내가 이 세상에서 가장 잘났다.'던가 '내가 최고! 나는 멋져! 완벽해!'라며 나를 엄청 좋아할 것까지는 없습니다. 하지만 계

속해서 성적이 어떻고, 성격이 또 몸매가 어떻다고 심사 위원처럼 자신을 계속 평가해 버릇하는 행동은 나를 불행하게 만듭니다. 자꾸 나에게 점수를 매길수록 나는 정말 못난 사람인 것 같고, 그런 내가 점점 더 싫어지고 말거든요.

싫어하는 사람을 날마다 본다고 생각해 봐요. 정말 만나고 싶지 않고 대화도 하기 싫은 사람인데 자꾸 볼 수밖에 없다면 짜증이 날 겁니다. 하지만 그 싫은 대상이 바로 나라면 어떨까요? 싫어하는 사람이 남이라면 심한 경우 절교를 하거나 연락을 차단하는 등 다신 보지 말자고 하는 것이 가능합니다. 하지만 내가 싫어하는 사람이 바로 나라면요? 나의 행동, 생각, 외모가 싫다면 하루하루가 불행할 수밖에 없을 거예요. 나는 나를 차단할 수도, 나와 헤어질 수도 없으니까요.

이렇게 나 자신과는 결코 떨어질 수 없고 평생을 함께 살아야 하기 때문에 내가 나를 대하는 태도가 매우 중요합니다. 결코 함께하고 싶지 않은 사람을 떠올려 봐요. 쉴 새 없이 잔소리를 한다던가 자꾸 지적을 해 대고 너 참 한심하다며 나를 깎아내리는 말을 자꾸 하는 사람과는 한 시간도 같이 있고 싶지 않

을 거예요.

그런데 내가 만약 나에게 이런 최악의 사람이라면, 끊임없이 잔소리와 나쁜 말들을 쏟아 낸다면, 나는 어디서 무엇을 하든 항상 불행할 수밖에 없습니다. 시험에서 90점을 받더라도 왜 100점을 받지 못했냐고 잔소리하고, 다른 친구들은 훨씬 예쁜데 너는 왜 이 모양이냐고 지적하는 사람이 다른 누구도 아닌 바로 나 자신이라면 내가 행복의 가장 큰 적이 되는 셈입니다. 내가 나의 가장 큰 걸림돌이 되는 것이죠.

반대로, 항상 함께하고 싶은 친구를 떠올려 봐요. 내가 종종 바보 같은 짓을 하고 이상한 말을 해도 상냥하게 웃어 주는 친구, 내가 슬퍼하거나 실망하고 있을 때 괜찮다고 도닥여 주는 친구일 거예요. 빨리 털어 버리고 힘내라고 떡볶이라도 사 주거나 새로 나온 좋은 노래를 들려주는 친구일 겁니다.

그렇다면 이제부터 내가 나의 좋은 친구가 되면 어떨까요? 내가 나에게 괜찮다고 힘내라고, 다음에 더 열심히 하면 된다고 이야기해 주는 겁니다. 일단 오늘은 귀여운 동물 사진을 보든 가장 좋아하는 가수 영상을 보든, 아니면 친구들과 놀러 나가든 나쁜 기분을 훌훌 털어 버리자고 기운을 북돋아 주는 겁니다. 내가 나의 적일 때보다 친구일 때 하루하루가 훨씬 행복할 거예요.

●

한편 요즘에는 여기저기서 자존감 이야기를 많이 합니다. 자존감을 높이자고 이야기하고, 내가 나를 좋아해야 한다고들 하지요. 그렇다고 내가 나를 엄청나게 대단하다고 생각하고 좋아해야 한다는 건 아니에요. 그저 내가 나를 자꾸 판단하지 말고 쓸데없이 나에게 모질게 굴지 않는 거예요. 그게 나의 행복과 정신 건강에 더 중요하거든요.

듀크대학교의 심리학자 마크 리어리는 연구에서 한 그룹의 사람들에게 '나는 멋지고 좋은 사람이야.'라고 반복해서 생각하게 하는 등 자존감 끌어올리는 연습을 시켰어요. 또 다른 그룹의 사람들에게는 '잘하지 않아도 괜찮아. 인간은 누구나 부족한 점이 있고 나도 그래.' 하고 자신을 따뜻하게 받아들이는 연습을 시켰어요. 그러고 나서 실패를 경험할 때 두 그룹의 반응을 비교해 보았습니다.[1]

그랬더니 자존감을 높인 사람들은 자신의 실패에 충격을 받고 이를 잘 받아들이지 못하는 모습을 보였습니다. 예를 들어 시험을 망쳤다고 했을 때 '나는 멋지고 괜찮은 사람이니까 내가 시험을 못 본 건 내 잘못이 아니야. 문제가 이상했거나 선생님이 나를 잘못 가르친 거야.' 같은 사고방식을 드러냈어요. 또는 멋진 자신이 시험을 못 봤다는 충격에 사로잡혀 크게 좌절하기도 했어요.

반면 자신에게 너그러워진 사람들은 '시험을 잘 못 봤지만 괜찮아. 많이 아쉽지만 그만큼 더 열심히 공부하면 돼.'라고 생각하는 경향을 보였습니다. 자신의 실패를 빨리, 또 덤덤하게 받아들이고 앞으로 나아갈 생각까지 한 것이죠.

'나는 멋지고 늘 사랑받을 만한 사람이야.'라고 생각하고 있다면, 그렇지 않은 현실이 닥쳤을 때 적응하기가 어렵습니다. 멋지고 사랑받을 만한 사람인 나에게 좋은 대접과 사랑을 주지 않는 다른 사람들을 미워하게 되지요. 또 '사실은 내가 사랑받을 만한 사람이 아니었던 건가?' 하고 고민에 빠져들기도 하고요. 하지만 인간은 누구나 부족하고 그래도 괜찮다고, 내가 늘 멋지고 사랑받아야만 하는 건 아니라고 생각한다면 이런 쓸데없는 좌절에서 벗어날 수 있어요. 또 인간이 항상 멋지고 사랑받을 수는 없다는 것을 알기 때문에, 무언가에 실패해도 그런 당연한 것도 해내지 못하냐고 나를 다그치는 게 아니라 내게 따뜻한 위로를 전할 수 있게 되지요.

인생은 험난하고 우리는 살면서 한두 번쯤은 반드시 미끄러지게 됩니다. 그런 순간순간 내가 나의 가장 좋은 지지자가 되게끔 하는 것이 이 책의 목표예요. 부모님도 친구도 24시간 365일 내 곁에 있진 않지만 나는 그 모든 시간을 나와 함께하잖아요. 그런 내가 나를 가장 잘 이해하고 보듬어 주지 않는다면 누가 그럴 수 있겠어요?

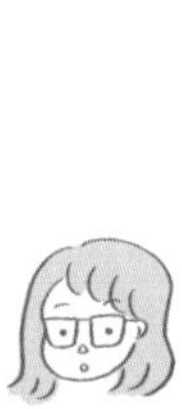

Part 1

평가하지 말고 이해해 줘요

예를 들어 열심히 준비했던 시험에서 좋지 않은 성적을 받았다고 해 봅시다. 이때 내가 나에게 핀잔을 주거나 자책하는 말을 한다면 가만히 듣고 있다가 멈춰 봅시다. 마음속으로 '잠깐!' 하고 외쳐요. 그리고 한번 생각해 봐요. 내가 왜 이렇게 나한테 심한 말들을 하고 있는 건지 말이에요. 그리고 지금 느끼고 있는 감정이 어떤 것인지 곰곰 생각해 봐요.

애니메이션 〈인사이드 아웃〉에는 이런 장면이 나옵니다. 주인공 라일리는 부모님의 사정으로 갑자기 먼 곳으로 이사를 가게 됩니다. 하지만 학교도 집도 마음에 들지 않습니다. 이전 학교에서 친했던 친구들과는 점점 멀어지는 것 같고요. 처음에는 긍정적으로 생각하려고 애써 보지요. 그러다가 결국 화를 내고 짜증을 냅니다. 홧김에 집을 떠나려고도 해 보고요. 하지만 그래도 엄마, 아빠가 있는 집, 우리 가족을 사랑한다는 걸 깨닫습니다. 그러고 나서 라일리는 펑펑 울어 버립니다. 많은 것이 바뀌었지만 그래도 여전히 가족을 사랑한다고, 괜찮은 척했지만 사실 전학하고서 많이 힘들었다고, 외로웠다고 인정합니다. 가족이 함께 얼싸안고 울면서 엄마, 아빠는 라일리를 위로해 주고

라일리는 엄마, 아빠의 소중함을 다시금 깨닫습니다.

감정이란 '알림'과 같아요. 라일리가 느낀 슬픔은 '상실'과 관련된 감정이에요. 소중한 무언가를 잃었을 때, 또는 소중한 무엇이 상처를 입었을 때 우리는 슬픔을 느끼지요. 좋아하던 친구가 이사를 가는 바람에 멀리 떨어지게 되었다든가, 우리 집 강아지가 아플 때, 부모님이 요즘 많이 힘들어하시거나 내가 응원하는 가수가 힘들어하는 등 나에게 소중한 무엇에 균열이 일어날 때 우리는 슬픔을 느낍니다.

어떤 사람이나 일이 나에게 전혀 중요하지 않거나 어떻게 되든 전혀 신경 쓰이지 않는다면, 우리는 그 사람이나 일이 잘못되었을 때 조금도 슬퍼하지 않을 거예요. 세상의 많은 사람이 힘들게 살아가고 있지만 그 사람들을 하나하나 떠올리면서 매번 똑같이 슬퍼하지는 않잖아요. 그보다 나에게 특별히 소중한 존재, 가족이나 친구, 또는 반려동물에게 나쁜 일이 생길 때 슬픔을 느낄 거예요.

따라서 슬픔을 느낄 때는 내 마음이 나에게 '너한테는 그 사람이, 그 일이 정말 중요한 존재인 거야. 그 사람을, 그 일을 소중하게 대하렴.' 하고 말해 주는 것과 같습니다. 즉 슬픔은 내가 그만큼 그 사람이나 일을 소중하게 여기고 있고, 지켜 내고 싶어 한다는 신호이지요.

실제로, 슬픔을 느끼면 우리는 '회복'하기 위해 노력하곤 합니다. 라일리가 가족의 사랑을 다시 확인한 것처럼요. 슬픔을 느끼면 우리는 멀어진 친구와의 관계를 회복하기 위해 애쓰거나 강아지가 아프지 않도록 옆에서 보살펴 주지요. 또 부모님이 걱정하시지 않도록 특별히 신경 쓰거나 내가 좋아하는 가수를 더 열렬하게 응원하는 등의 행동을 하게 됩니다. 이렇게 슬픔은 소중히 여기는 것들을 지키려고 노력하게 만들어요. 슬픔은 회복을 도와주는 아름다운 감정입니다.

내 마음이 슬프다면 먼저 '나는 지금 슬퍼. 마음이 많이 아프구나.' 하고 생각해 봐요. 괜찮은 척, 아무렇지 않은 척하는 게 아니라 마음이 어떤 신호를 보내고 있는지 조용히 살펴보는 거예요. 내가 슬프다는 사실을 받아들이고 시원하게 우는 것도 좋아요.

그러고 나서 무엇 때문에 슬픈지 생각해 봐요. 그 사람(또는 그 일)이 특별히 소중한가요? 그 사람이 나에게서 멀어지고 있나요? 그 사람이 많이 힘들어하고 있나요? 만약 그렇다면 '나한테는 그 사람이(또는 그 일이) 정말 소중하구나. 나는 그 사람과의 관계를 회복하고 싶어 하는구나.' 하고 생각해 봅시다. 찬찬히

생각하다 보면 지금 해야 할 일이 무엇인지 보일 거예요. 만약 친구와의 관계가 문제라면 지금 당장 친구에게 전화를 걸어 미안하다거나 고맙다는 말을 전하면 됩니다.

이렇게 슬픔은 잃어버린 소중한 것을 회복하게 해 주는 감정이기 때문에 많은 사람이 슬픔을 느끼는 과정에서 고마움 역시 느끼는 현상을 보이곤 합니다. 주변 사람들의 소중함을 느끼고 사랑받고 있음을 느끼려고 일부러 슬픈 영화를 찾아서 보는 경우도 있다고 해요.

감정은 내 마음이 보낸 '톡'과도 같습니다. 마음이 보낸 메시지를 무시하지 말기로 해요. 하나도 슬프지 않은 척, 괜찮은 척하지도 말고요. '이런 작은 일로 슬퍼하다니, 나에게 정말 실망이야.'라고 생각할 까닭도 없습니다. 그냥 '지금 나에게 가장 소중한 게 무엇인지, 내가 지금 무엇을 지켜야 하는지 내 마음이 알려 주는구나.' 하고 받아들이면 됩니다.

생각해 봅시다

1. 최근에 크게 슬펐던 일을 떠올려 봐요. 어떤 일이었나요?

(예: 엄마와 말다툼한 일)

2. 그렇게 슬펐던 이유는 뭘까요?

(**예:** 엄마가 나를 알아주지 않는 것 같아서 서운해서 ⇨ 엄마가 나한테 소중한 사람이기 때문에 엄마한테 내 마음을 잘 전달하고 싶다.)

3. 어떻게 하면 슬픔이 가실까요?

(**예:** 엄마와 대화, 편지, 작은 선물)

4. 슬퍼하는 나에게 무슨 말을 해 주고 싶은가요?

(**예:** 내 마음이 지금 슬프구나. 속상할 만하다. 내가 너무 힘들어하지는 않았으면 좋겠다.)

5. 힘들어하는 나에게 어떤 일들을 해 줄 수 있을까요?

(**예:** 맛있는 것 먹기, 좋아하는 영상 보기, 친구들과 대화하기, 운동하기)

이번에는 실망하거나 좌절했던 일에 대해 생각해 봅시다. 실망과 좌절 역시 어떤 사람이나 일이 나에게 매우 중요했다는 것을 뜻합니다. 중요하면 할수록 그 일이 잘 안 되었을 때 실망이 크겠죠.

또한 실망이 크다는 것은 잘되었으면 하는 바람과 잘할 수 있을 거라는 기대 역시 컸다는 것을 나타냅니다. 아무것도 바라지 않고 아무것도 기대하지 않았다면 실패해도 별로 실망하지 않잖아요. 예를 들어 나한테 음악을 잘하는 것은 정말 중요하지만, 그림을 그리는 것은 별로 중요하지 않다고 생각해 봅시다. 그럼 사람들 앞에서 노래를 망치면 실망이 크겠지만 그림을 잘못 그렸을 때는 실망이 별로 크지 않을 거예요. 노래는 나와 상관이 있지만 그림은 나랑 별 상관이 없거든요.

가수들의 인터뷰를 보면 비슷한 이야기를 많이 들을 수 있죠. "그냥 별생각 없이 호기심으로 오디션을 봤는데 막상 떨어지고

나니 며칠 동안 너무 슬펐다. 그 일을 겪으며 내가 사람들 앞에서 노래하고 춤추는 걸 정말 좋아한다는 사실을 깨달았다. 그래서 이를 악물고 열심히 노력했다." 하는 이야기들이요.

또 열심히 할수록 결과가 안 좋을 때의 실망이 커지기도 합니다. 공부를 정말 하나도 안 하고 70점을 받았을 때와 공부를 정말 열심히 하고 70점을 받았을 때를 비교해 보면 열심히 하고서도 비슷한 결과가 나왔을 때 더 크게 실망하게 될 거예요. 5개월 준비하고 오디션에 떨어진 것과 5년 준비하고 떨어진 것을 비교해 봐도 준비하는 데 노력과 시간이 많이 들어갔을수록 더 크게 실망하게 되죠.

그러니까 실망하고 좌절하게 될 때도 이렇게 생각해 보도록 해요.

'내가 그 일을 정말 잘하고 싶었구나. 그 일이 나한테 정말 소중한 거였구나. 꿈이 없으면 실망하지 않았을 텐데 나한테는 꿈이 있구나.'

'그 일을 잘 해내기 위해 내가 신경을 많이 썼구나. 나름대로 많이 노력했구나.'

이렇게 생각해 보고 나서 여전히 그 일을 잘하고 싶다면, 다시 한번 마음을 다잡고 힘을 내 보도록 해요. 물론 이때에도 나에게 따뜻한 말을 전하는 것이 중요합니다. '많이 애썼구나. 그래, 잘했어. 기회는 또 있으니까 괜찮아.' 하고 말이죠. 또 나를 돌보는 행동도 중요합니다. 맛있는 걸 먹으러 가거나 사진을 예쁘게 찍어 보는 등 내가 좋아할 만한 일을 해 보는 거예요.

내 안의 또 다른 신호, 화

여러 감정들 중 가장 골치가 아픈 감정은 아마 '화'일 거예요. 화를 내는 것은 그 자체로 에너지 소모가 많고 건강에도 좋지

않습니다. 때로는 언성을 높이거나 상대를 밀치는 등 폭력적인 행동을 불러오기도 하지요.

하지만 화 역시 우리를 지키기 위해 존재하는 감정입니다. 예를 들어 누군가 나에게 무례한 행동을 했다던가 큰 잘못을 저질렀을 때 우리는 화를 느끼곤 합니다. 또 누군가 약자를 괴롭히는 등 정의롭지 못한 일이 일어나는 걸 봤을 때도 화를 느끼지요.

이렇게 화는 어떤 '위험'이 존재한다는 신호를 보냅니다. 그렇기 때문에 우리는 화를 느낄 때 위험을 제거하기 위해 화를 불러온 사람에게 대항하고, 그 일은 옳지 않다고 목소리를 높이게 되죠. 그러면 상대편 역시 움찔하고 상황이 심상치 않다며 자기가 무엇을 잘못했는지 생각하게 됩니다.

물론 사람들은 옳지 않은 이유로 화를 낼 때도 있습니다. 예를 들어 어떤 부모님은 아이들이 자신의 권위에 도전한다고 느낄 때 화를 내기도 하지요. 제 부모님도 사실 제 잘못이 아니었는데 그냥 오해해서 화를 내신 적도 있었어요. 나중에 부모님이 잘못 판단했다는 사실이 드러나도 "네가 똑바로 얘기를 하지 않아서 이렇게 된 거잖아!"라면서 사과하지 않는 경우가 종종 있었습니다.

어른으로서의 권위를 아이들을 통제하는 일종의 무기로 여기고 있다가 이게 더 이상 먹히지 않을 수도 있다고 생각하니 위협을 느끼는 것이겠죠. 따라서 그 위협을 제거하고 다시 권위를 내세우기 위해 일종의 방어 수단으로 자녀들에게 화를 내는 것입니다.

이렇게 화는 여러 감정들 중 행동력과 폭발력이 가장 큰 감정이라서 올바른 때에 '잘' 사용하는 것이 중요합니다. 화를 내게 만든 원인은 따로 있는데 옆에 있는 만만한 사람에게 화풀이를 하는 행동은 하지 말아야겠죠.

한 가지 중요한 사실은 다른 감정들과 달리 화는 낼수록 더 커지는 감정이라는 것입니다. 크게 화를 내고 나면 마음이 시원해지고 차분해질 것 같지만 반대의 현상이 나타나거든요. 한번 화를 낸 사람들은 화를 참은 사람들보다 이후 더 쉽게 화를 내고, 더 폭력적으로 행동하는 모습을 보인다고 합니다.[1]

모든 감정에는 원인이 있어요. 화 역시 그래요. 무턱대고 '화'라는 감정에 빠지기보다 내가 지금 화가 난 이유가 무엇인지, 내 마음이 나에게 어떤 이야기를 하고 싶어 하는 것인지 생각해 봅시다. 어떤 위협을 받았는지, 무엇이 잘못되었는지, 왜 나를 방어해야겠다고 생각했는지, 그 대상은 누구인지 찬찬히 생

각해 보는 거예요.

그렇다고 화를 억누르고 화나지 않은 척하라는 게 아니에요. '내가 지금 화가 났구나.' 하고 인정하고 그 이유가 무엇인지 생각해 보자는 거죠. 섣불리 화를 내기 전에 혹시 '오해'일 가능성은 없는지, 아니면 '이게 그렇게나 화를 낼 만한 일인가?' 하고 생각해 보는 것도 좋아요.

하지만 분명히 잘못된 것이 있다면, 그 대상에게 내가 화가 났음을 전달하는 것도 좋습니다. 그렇다고 막 소리를 지르고 싸우라는 것이 아니라, 심호흡을 하고 나는 이러이러한 이유로 화가 났다고 찬찬히 얘기해 보자는 거예요. 만약 그 상대가 괜찮은 친구라면 나의 이야기를 잘 들어 주겠죠. 이야기가 잘 풀리지 않을 수도 있어요. 어색하고 긴장될 수도 있고요. 하지만 솔직하게 내 마음을 전하고, 친구의 생각도 들으면서 대화를 하다 보면 서로에 대한 오해를 확인하게 됩니다. 이런 과정을 통해 화가 풀리면 비 온 뒤에 땅이 굳듯 우정을 더욱 단단하게 만들어 갈 수 있을 거예요. 다른 감정들처럼 화 역시 무작정 쏟아부으면서 푸는 것이 아니라, 문제를 해결하려는 행동으로서만 풀 수 있다는 것이지요.

상대가 부모님일 경우는 조금 어려울 수 있어요. 부모님이

나에게 말도 안 되는 요구를 하고 나에게 상처를 주고서도 전혀 사과하지 않을 때가 있잖아요. 이때 중요한 것은 이 상황이 내 탓이 아니라는 걸 아는 것입니다. 부모님이 내게 그런 행동을 하는 것은 부모님의 문제이지 내 문제가 아니에요. 부모님도 부족함이 많은 인간이기에 양육 방식에 대해 잘못된 생각을 가지고 있을 수 있고, 그건 부모님이 자라 온 환경과 삶의 방식의 문제이지 내가 원인인 것은 아니에요.

만약 부모님이 '너의 잘못 때문에 비롯된 일'이라고 하신다면, 그것 역시 그분들의 약함에서 나오는 핑계입니다. 학교에서도 친구를 괴롭히고서 괴롭히게 만든 네 잘못이라고 우기는 나쁜 학생들이 있는 것처럼요. 안타깝지만 어른이라고 해서 꼭 성숙한 행동을 하는 것은 아니거든요. 그러니까 부모님이 내게 화를 낸다고 해서 그걸 내 문제로 여기고 죄책감을 느끼거나 자책하는 일은 하지 맙시다. 그런다고 해서 달라질 일도 아니잖아요.

부모님을 미워하게 되었다고 해서 죄책감을 가지지도 말고요. 인간은 누구나 상처를 준 사람에 대해서는 어느 정도 마음속에 감정을 차곡차곡 쌓아 놓는 편입니다. 그렇게 마음속에 그 사람의 해로움을 기억해 두고 있지 않으면 상처 주는 사람을 피하지 않을 테고 계속해서 상처받을 테니까요. 상처를 너무 많이 받아서 내가 망가지고 나면 누가 책임질 수 있겠어요. 나를 보호하는 건 어느 정도 내가 해야 할 일인 것이지요. 내 마음이 '저 사람이랑 상종하지 마!'라고 경고 메시지를 주는 것이니 죄책감에 사로잡히지 말도록 해요.

또 가족의 형태가 점점 다양해지고 있잖아요. 친구들끼리 모여서 가족 같은 형태를 이루고 사는 사람들도 있고요. 꼭 혈연관계가 아니어도 되는 것이지요. 지금의 가족이 아니면 내게는 가족이 없을 거라고 생각하지 않아도 돼요.

부모님을 바꾸지는 못하더라도 부모님으로부터 나를 지키는 것은 어느 정도 내가 할 수 있는 일입니다. 일단 나를 지키고, 나는 그런 어른으로 자라지 않는 데에 힘을 쏟도록 합시다.

한편 화는 사회적인 문제가 생겼을 때도 폭발력을 발휘합니다. 예를 들어 우리 사회에서 고위직에 있는 여성조차 성폭력의 위험에서 안전하지 않음을 증언한 서지현 검사, 그리고 또 다른 미투(Me Too) 운동처럼 자신이 겪은 성희롱, 성폭력을 용감하게 폭로한 여성들이 있었죠.

이렇게 사회적인 문제에 다 같이 분노하는 것은 문제 해결의 큰 원동력이 됩니다. SNS에서 이 문제에 대해 자기 의견을 이

ME
TOO
ME
TOO!
me
too
ME
Too
ME
TOO
ME
Too

야기하는 사람도 생기고, 그동안 아무에게도 말하지 못했던 비슷한 경험을 비로소 하나둘 털어놓기도 해요. 또 거리로 나가 집회를 하며 이 문제를 해결하기 위해 사회와 국가가 나서야 한다고 외치는 사람들도 생기죠. 함께 목소리를 모으는 집단적인 화는 사람들로 하여금 우리가 살아가는 사회에 문제가 존재한다는 사실을 깨닫게 해 주고, 문제 해결을 위해 힘을 합해 싸울 용기를 불러일으킵니다. 그러다 보면 아무것도 하지 않았을 때보다 분명 더 좋은 세상이 될 겁니다. 결국 화를 내는 '이유'와 '방법'이 중요하다는 것이지요.

이 밖에 무기력 같은 감정은 현재 나에게 희망이나 뚜렷한 목표가 없거나 또는 삶이 즐겁지 않음을, 아니면 신경 쓸 일이 너무 많아서 더 쓸 에너지가 없음을 의미합니다. 두려움은 당장 도망쳐야 하는 '위험'이 존재함을 의미하고, 역겨움이나 까칠함은 함께 엮이고 싶지 않거나 해로운 무엇을 멀리하게 만듭니다. 내 마음이 나보다 나를 더 빨리 잘 알아챈다는 것이지요.

이처럼 감정은 우리의 상태에 대해 실시간으로 보고하는 톡 같은 것이고, 따라서 두려워할 필요 없이 빨리 확인하고 답장해 주면 된다는 것을 기억해 둬요.

감정은 평가하는 것이 아니라 이해하는 것

감정을 대할 때 한 가지 주의해야 할 점은 나의 생각과 감정들을 평가하지 않는 것입니다. 예를 들어 작은 일에도 금방 낙담하거나 화가 난다고 해서 '이런 일로 실망하는 내가, 고작 이런 걸로도 화를 내는 내가 싫어!' 하고 생각했던 적은 없나요? 가뜩이나 괴로운데 그런 나를 미워함으로써 괴로움을 늘린 적이 없는지 떠올려 봐요.

이런 생각이 들 때에는 먼저 앞서 살펴본 것처럼 감정은 마음이 보내는 메시지일 뿐 그 자체로 좋거나 나쁜 건 없다는 사실을 떠올려 봅시다. 여러 감정들이 몰려든다는 것은 내 마음이 나를 지키기 위해 아주 열심히 일하고 있다는 뜻이니까요. 때로는 귀찮기만 한 감정들이지만 고마운 존재라는 것이지요.

또 우리 삶이 항상 행복하면 좋을 것 같지요? 실제로는 그렇지 않습니다. 문제가 하나도 없는 사람이나 세상은 없어요. 그런데도 조금도 슬프거나 불안하지도 않고, 화가 나는 일 없이 항상 즐겁고 행복하기만 하다면 꼭 이루고 싶은 꿈이 없거나, 나를 보호하려는 본능에 문제가 생겼거나, 아니면 주변 사람들의 아픔에 관심이 없는 경우일 것입니다.

물론 행복한 것은 좋습니다. 누구나 불행하기보다는 행복한 삶을 바랄 거예요. 하지만 날이면 날마다 행복하고 즐거워야 하고, 행복하지 않거나 우울하면 잘못된 것이라고 생각하면 되레 불행을 가져올 수 있답니다.

예를 들어 좋은 성적을 받는 것이 세상에서 가장 중요하다고 생각한다면 좋은 성적을 받기 위해 열심히 노력하겠죠. 하지만 한 가지 문제점은 반드시 좋은 성적을 받아야 한다고 매달리면 매달릴수록 불안과 걱정 또한 커진다는 거예요. 그런 나머지 막상 시험 시간이 되면 너무 긴장해서 머리가 하얘진다든지, 이상한 실수를 하는 일이 생깁니다. 또 성적이란 언제든 왔다 갔다 할 수 있는 건데도 성적이 조금만 떨어지면 마치 나라는 사람 전체가 망한 것처럼 생각하게 되죠. 간절함은 때론 도움이 되지만 때론 독이 되는 양날의 칼이기도 합니다.

행복 또한 마찬가지예요. 반드시 행복해야 한다고 생각할수록 오늘 왠지 행복하지 않다면 인생이 뭔가 잘못돼 가고 있는 것 같은 불안이 찾아옵니다. 행복해지는 게 너무 중요할수록 행복하지 않을 때마다 '나 왜 이러지? 뭔가 잘못됐나 봐!' 하고 호들갑을 떨 수 있다는 것이죠. 덴버대학교의 심리학자 이리스 마

우스 교수의 연구에 따르면, 항상 행복해야 하며 그렇지 않으면 잘못된 삶이라고 생각하는 사람들이 그렇지 않은 사람들보다 즐거움을 덜 느낀다고 하네요.[2] 이 정도면 괜찮은 인생이라고 여기는 삶의 만족도가 낮으며 우울 증상도 더 많이 느낀다고 하고요.

어떤 감정은 옳고 어떤 감정은 나쁘다고 정할수록 자연스럽게 올라오는 다양한 감정들에 대해 어딘가 문제가 있는 것 같다며 실망감을 갖게 되기 때문입니다. 즐거운 날이 있으면 즐겁지 않은 날도 있기 마련인데, 즐겁지 않으면 안 된다고 생각할수록 평범한 날에 기분이 더 나빠진다는 거예요. 또한 일반적으로 공부든 외모든 내가 잘하고 있다거나 못하고 있다고 평가해 버릇할수록 그 과정에서 남들과 비교하며 괜히 기분이 나빠지죠. 감정도 마찬가지입니다. 내 감정이 지금 좋은지 나쁜지, 쓸모 있는지 쓸모없는지 평가할수록 다른 사람들은 다 나보다 잘 살고 있는 것 같고, 변한 건 아무것도 없는데도 괜히 기분만 더 나빠지게 되는 겁니다.

따라서 이런저런 감정이 밀려올 때 마치 '감정 = 나'인 것처럼 '이런 일로 【슬퍼하는 / 불안해하는 / 화를 내는】 내가 싫다.' 같은 평가'질'을 그만두도록 해요. 그저 슬플 때는 '내가 지금 슬

프구나.', 기쁠 때는 '내가 지금 기쁘구나.' 하고 생각하는 것으로 충분하다는 거예요. 감정은 평가할수록 나빠질 수 있다는 것, 기억해요.

부풀리지 않기

감정을 무시하는 것도 문제지만 '부풀리는 것' 또한 문제가 됩니다. 괴로운 일이 생기면 그 당시에 실컷 괴로워하고 넘어가면 되는데 이후에도 계속 떠올리면서 반복적으로 괴로워하는 일 말이에요.

밤에 자려고 눈을 감으면 창피한 기억들이 떠오르면서 '내가 그때 왜 그랬을까?' 같은 질문을 반복하며 괴로워해 본 적이 있을 거예요. 아니면 어쩌다 한 번 일어난 나쁜 일에 대해 생각하고 또 생각하면서 오랫동안 괴로워했던 경험이 있을 수도 있고요. 이와 같이 안 좋은 일이 발생했을 때 느꼈던 좋지 않은 기분과 그때 자신의 행동과 생각, 과거의 문제들을 머릿속에서 반복 재생하는 경향을 '곱씹기'라고 합니다.

정작 안 좋은 일이 일어났던 시간은 몇 분이 채 안 될 수도

있는데 머릿속에서 계속 반복 재생함으로써 당시의 더러웠던 기분을 일주일, 한 달, 수년까지도 연장할 수 있어요. 이렇게 나쁜 일이 생기면 그동안에 받는 스트레스도 문제지만, 이후 곱씹기를 통해 나쁜 사건을 자꾸 머릿속으로 호출하는 것이 더 큰 문제일 때가 많죠. 계속 곱씹는다면, 한 번 일어난 일로도 끊임없이 스트레스를 받게 되니까요. 이러한 곱씹기는 우울 증상과도 밀접한 연관을 보여서 곱씹는 정도가 클수록 우울 증상이 심한 경향을 보이기도 합니다.

스위스 바젤대학교의 심리학자 파라 쿠스터 등의 연구에 따르면, 자신에게 차갑고 엄격한 태도를 보이는 사람들이 그렇지 않은 사람들보다 이런 곱씹기를 많이 한다고 해요.[3] 또 그러다가 우울증에 걸리는 확률도 더 높은 것으로 나타났습니다. 자신에게 따뜻하지 않은 사람들이 곱씹기와 그에 따르는 문제에 더 취약하다는 것인데요, 왜 그런 현상이 나타날까요?

먼저, 나한테 막말을 하는 사람을 자주 만나면 짜증이 나는 것처럼, 자기 자신을 비판적인 태도로 대하는 사람은 자신에 대해 생각을 하면 할수록 기분이 나빠집니다. 계속해서 속으로 내가 나한테 내 욕을 할 테니까요. 또한 발표를 한 번 망쳤다든가 하는 작은 일도 계속해서 떠올리고 생각하다 보면 '나는 정말

한심해. 나는 쓸모없는 사람이야.' 같은 큰 좌절로 번지기 쉽죠. 작은 고민이 심각한 고민으로 확대되고 마는 거예요.

이렇게 자기에게 따뜻할 줄 모르는 사람은 한번 곱씹기 시작하면 걷잡을 수 없이 고민을 키우게 됩니다. 그래서 자신에 대해 깊이 생각하지 않으려고 하기도 해요. 하지만 이런 노력은 부작용을 낳죠. '하얀 곰'에 대해 절대 생각하지 말라고 하면 자꾸 더 생각하게 되는 것처럼, 생각은 억누를수록 더 많이 떠오르게 되거든요. 따라서 나에게 비판적이고 나에 대해 생각하는 것이 싫을수록 결과적으로 더 많이 생각하게 되고, 더 많은 좌절을 떠안는 슬픈 현상이 나타납니다.

또한 이들은 자신의 부족함과 고민을 부끄럽게 여기고 다른 사람들에게 잘 이야기하지 않는 편이기도 합니다. 고민이란 대체로 누군가에게 털어놓고 이야기하면 쉽게 사라지지만 그러지 않을 때는 더 커지곤 하죠. 큰일이라고 생각했던 것도 누군가에게 얘기하고 나면 의외로 큰일이 아닐 수도 있겠다는 생각이 들기도 해요. 반면, 혼자서 문제를 끌어안고 끙끙거릴수록 문제는 더 커 보이잖아요.

문제를 곱씹으면 곱씹을수록 실제로 그 문제를 해결하기 위한 '행동'은 하지 않게 되는 현상도 나타납니다. 계속 곱씹다 보면 사소한 문제도 '큰 문제'로 여겨지고 해결할 수 있다는 자신감이 작아지기 때문이에요. 이렇게 자신에게 너그럽지 않은 사람들은 남들보다 쉽게 '난 어차피 안 될 거야.' 같은 부정적인 결론에 도달하고, 곱씹기를 하지 않았더라면 겪지 않았을 좌절감을 자주 체험하는 편입니다. 이러한 문제들이 스스로에게 너그럽지 않은 사람으로 하여금 의미 없는 고민에 계속해서 빠지게 만들고 우울 증상 또한 악화시킨다고 하네요.

많은 괴로움이 다른 사람이 아닌 바로 '내가' 나를 괴롭히기 때문에 발생하곤 합니다. 곱씹기가 대표적인 예인 셈이죠. 딱히 겪지 않아도 되는 불필요한 불행을 스스로 늘려 가는 것이니까요. 곱씹기는 내가 나를 고문하는 가장 쉬운 방법이기도 합니다.

고민이 많고 내가 나한테 자꾸 쓸데없는 소리를 늘어놓을 때, 모두 머릿속에서 내가 나한테 떠드는 말일 뿐 실제가 아니라는 걸 떠올려 보면 어떨까요? '자아야, 좀 조용히 해.'라고 속으로 말해 보는 것도 좋아요. 사는 건 이미 충분히 힘든데 겪지 않아도 되는 불필요한 불행까지 스스로 만들지는 말아야 하잖아요.

축소하지 않기

이렇게 고민과 부정적 정서를 지나치게 부풀리고 연장하는 것도 문제지만, 반대로 감정을 축소하고 빨리 끊어 내는 것도 문제일 수 있어요. 보통 마음을 다스린다고 하면 부정적 감정만 해당할 것 같지만 기쁨, 즐거움 등의 긍정적 정서도 마음 다스리기의 대상이 된답니다.

일반적으로 사람들이 보이는 긍정적 정서 조절은 1) 과거의 좋았던 기억들을 떠올리거나 2) 자신의 장점들을 떠올리거나 3) 삶에서 감사한 점들을 떠올리는 것, 이렇게 크게 세 가지로 나눌 수 있습니다. 특히 자존감이 건강한 사람들이 그렇지 않은 사람들보다 기분을 업(UP)시키고 자신감을 얻기 위해 이런 긍정적 정서를 자주 활용하는 편이에요.

중요한 시험이나 발표를 앞두고 있을 때 과거에 비슷한 일을 잘 해냈던 경험을 떠올려 보는 것이나, 힘들 때 나를 도와줬던 사람들을 떠올리며 그래도 아직 세상은 살 만하다고 느끼는 것 등을 예로 들 수 있어요. 나쁜 일에 대한 곱씹기가 부정적 정서를 끝없이 느끼게 하는 것처럼, '좋은 일'을 곱씹기 함으로써 긍정적 정서를 다시 불러오는 것이지요.

흥미로운 사실은 자존감이 건강하지 않고 우울 증상이 심한 사람들은 그렇지 않은 사람들보다 이와 같은 긍정적 정서 조절을 잘 보이지 않는다는 거예요.[4] 기쁨을 끌어올리기는커녕 마치 우울한 마음을 일부러 유지하려는 것처럼, 기쁜 일이 생겨도 별일 아니라며 긍정적 정서의 길이와 강도를 애써 가라앉히는 것이지요.

'이걸로 좋은 운은 다 끝났어.' '나는 기분 좋게 여유 부릴 자격이 없어.' '지금은 행복하지만 언제든지 다시 나빠질 수 있어.' '이전에도 좋아하다가 금세 실망했잖아.' '이 기쁨도 곧 끝날 거야. 영원한 행복이란 없어.' '나한테 이런 좋은 일이 생길 리가 없잖아. 뭔가 잘못된 게 아닐까?' '기분이 좋으니까 일에 집중을 못 하겠어.' '사람들이 내가 잘난 척하는 줄 알 거야.' 이런 생각을 하면서요.

일반적으로 우울 증상이 심한 사람들은 그렇지 않은 사람들보다 나쁜 일에 주의를 더 주고 더 빠르게 반응할 뿐 아니라, 기쁘고 즐거운 일에는 주의를 '덜' 주는 경향을 보입니다. 보통 기분이 좋아지면 즐거웠던 기억을 더 잘 떠올리는 편인데 우울증 환자들은 반대로 즐거웠던 일을 '덜' 떠올린다고 해요. 또 과거의 즐거웠던 일을 떠올려도 지금의 기분이 나아지지 않는 편

이라고도 하고요.

이렇게 괴로운 일이 많은 것뿐 아니라 '즐거운 일이 없어진다는 것'이 우울증 회복에 부정적 영향을 끼친다는 것이 학자들의 의견입니다. 나쁜 일을 없애는 것도 중요하지만, 즐거운 일을 유지하고 늘리는 것 또한 매우 중요하다는 얘기죠.

한편 이러한 현상이 나타나는 이유에 대해 크게 두 가지 설명이 있습니다. 먼저, 자존감이 건강하지 않은 사람들은 기쁜 일이 일어나면 단순히 기뻐하기보다 앞에서 살펴본 것처럼 복잡한 사고방식에 돌입하는 편입니다. 나같이 부족한 사람이 이런 기쁨을 누리는 것은 뭔가 잘못됐거나, 나의 착각일 뿐이거나, 어쩌다 운 좋게 딱 한 번 잘된 것뿐이고, 따라서 나는 내가 진짜 잘한 것처럼 여기에 만족하고 기뻐할 자격이 없다는 생각들이 한 예이지요.

또한 크게 기뻐하고 나면 이후에 혹시 더 크게 실망하지 않을까 걱정하기 시작해요. 다시 좋은 일을 겪을 수 있다는 자신감이 부족하기 때문에 현재의 기쁨을 누리기보다 (일어나지도 않은 불확실한) 미래의 부정적 정서 예방을 위해 '현상 유지'를 택하고 맙니다.

그런데 자신감이 없는 사람 입장에서 또 다르게 생각해 보면

나 같은 사람에게 좋은 일이 하나라도 생긴 것이 참 대단하지 않나요? 노력하면 다 잘될 거라는 말은 환상에 가깝고 내 힘으로 어쩔 수 없는 게 더 많은 세상에서 잘되는 일보다 잘 안 되는 일이 더 많은 게 당연하지 않나요? 잘되지 않는 게 이상한 게 아니라, 하나라도 잘되었다면 그게 참 멋진 일이라는 거죠.

또 불행은 자연재해처럼 나의 행동이나 의지와 상관없이 찾아오는 경우가 많아요. 이상한 양육자를 만났거나, 건강이 좋지 않다든지 집안 형편이 어렵다든지 등등 나를 굳이 '탓'할 이유가 있는 불행은 생각보다 많지 않잖아요. 이런 일들은 내 잘못이 아닌걸요.

좋은 일은 우연이라고 생각하고 나와 상관없는 일이라고 여기면서, 나쁜 일은 다 내 탓이라고 생각하는 건 어딘가 앞뒤가 맞지 않습니다. 마치 자연재해처럼, 하늘에서 떡이 떨어지거나 돌이 떨어지는 것처럼 우리가 완벽하게 통제하거나 예상할 수 없는 일이라면 돌을 맞았을 때는 아파해도 떡을 받았을 땐 기뻐하며 맛있게 먹을 수 있으면 좋겠어요. 부정적 정서를 늘리는 것도, 반대로 긍정적 정서를 줄이는 것도 피해야 한다는 것을 꼭 기억하기로 해요!

평가 대신 축복하기

이번 장에서는 '평가'의 위험에 대해 이야기해 봤어요. 내 감정이, 내 상태가 좋다 나쁘다 평가하는 순간 우리는 자기 자신에게 나쁜 말들을 던지게 된다는 이야기를 했죠. 그러니까 되도록 평가하지 말고 내가 원하는 것을 잘 이해하자고, 아무런 힘도 되지 않는 나쁜 이야기를 던지기보다 정말 힘이 될 수 있는 응원과 지지를 나에게 보내 보자고 했어요.

관련해서 '잘한다'거나 '멋지다'는 말에 대해서도 생각해 볼 필요가 있어요. 기본적으로 '평가'를 담고 있는 말들이기 때문이에요. 예컨대 칭찬을 받았을 때 기분이 좋기도 하지만 한편으론 부담스러울 때가 있잖아요. 아니라고 손사래 치고 싶어질 때도 있고 말이죠. 그 이유가 바로 칭찬도 일종의 평가이기 때문입니다.[5] 한 번 잘한다는 평가를 받으면 앞으로도 최소한 이 정도로, 또는 이것보다 더 잘해야 한다는 부담감이 생기잖아요. 따라서 옳고 그름, 잘하고 못함 같은 '평가'와 상관없는 응원과 축복의 말들이 더 큰 힘이 될 수 있다고 합니다.

나에게 너그러워지는 법에 대해 연구하는 캐런 블루스 박사의 수업에서 나와 타인에게 축복을 건네는 연습을 했던 적이 있어요. 둘씩 짝을 지어 마주 보고 앉아요. 그리고 눈을 감습니다. 먼저, 10년 전의 나를 떠올려 그때의 나에게 어떤 말을 해 주고 싶은지, 어떤 위로와 격려를 해 주고 싶은지 생각해 봅니다.

제가 눈을 감자마자 떠오른 기억은 부모님이 동생을 심하게 혼내던 날이었어요. 부모님이 동생에게 물건을 던졌는데, 그 앞을 제가 가로막았던 거예요. 그런 나 자신을 바라보며 '이제는 네 옆에도 누군가 너를 감싸 줄 사람이 있었으면 좋겠어.'라고 마음속으로 말해 보았습니다. '네가 안전했으면 좋겠어. 위험하고 힘든 상황에 처하지 않았으면 좋겠어. 네가 행복했으면 좋겠어.' 하고 말해 보았습니다.

눈을 뜨고 이번에는 제 앞에 앉은 사람을 바라보며 마음속으로 축복의 말을 건네는 시간을 가졌습니다. 내가 그랬듯, 이 사람에게도 나름의 어려움들이 있었을 거라는 생각이 들었어요.

당신에게도 불합리하고 부조리한 일들이 생기지 않길, 어떤 종류의 폭력이나 학대에서도 자유롭길, 사랑받길, 또 아프지 않길, 행복하길 축복해 보았습니다. 나를 축복한 경험이 타인 또한 진심으로 축복할 수 있게 도와주는 느낌이었어요. 나를 포함해 인간이라면 누구나 안전과 행복이 필요할 테니까, 우리 모두 안전하고 행복하길 마음 깊이 바랄 수 있었습니다.

이 밖에도 제가 떠올렸던 말들은 이렇습니다. '약하다고 해서 내 몸을 싫어하지 않길. 내 몸의 필요에 좀 더 귀를 기울이길.' '게으르다고 너무 나를 후려치지 말고 내가 하는 노력들에 좀 더 감사하는 마음을 갖길.' '내가 나와 함께하는 시간들을 두려워하지 않길…….'

여러분도 한번 해 봐요. 위로가 필요했던 때의 나를 떠올려 봐요. 그때의 자신에게 어떤 말을 해 주고 싶은가요?

눈을 감고 힘들었던 날의 내 모습을 떠올려 보세요. 나를 바라보면서 마음속으로 내게 말을 건네 봐요. '네가 행복하길.' '네가 건강하길.' '네가 안전하길.' '네가 평안하길.'

이번에는 소중한 친구나 가족의 얼굴을 떠올려 봅시다. 친구에게도 마음속으로 축복을 보내 봅시다. 나를, 또 주변 사람들을 축복하는 습관을 들여 봐요.

내 몸을 향해서도 평가보다는 축복 어린 시선을 보낼 수 있을까요? 내 몸을 싫어하면서 나를 좋아할 수 있을지 생각해 본 적이 있어요. 제가 학교에 다닐 때 자기 허벅지를 볼 때마다 반 정도만 도려내면 좋겠다고 말하는 친구들이 있었어요. 친구 중 한 명은 저체중임에도 저체중을 유지하기 위해 계속해서 다이어트를 하느라 상습적으로 밥을 굶곤 했는데요, 배가 고프고 어지러우면 기분이 좋다고 했어요. "살이 빠지는 것 같아서."가 그 이유였어요.

그 이야기를 듣고 저체중을 '미용 체중'이라고 하는, 체중에 대한 사회의 압박이 얼마나 심각한지 느낄 수 있었어요. 얼마나 압박을 받으면 생명체로서 가장 기본이 되는 생명 유지 활동이 원활하지 '않을 때' 기분이 좋아질 수 있는 걸까요? 또 얼마나 압박이 심하면 멀쩡한 몸을 도려내고 싶을 정도로 날씬한 몸매를 원하게 되는 걸까요? 안타깝게도 이런 사례들은 상당히 흔해요. 특히 여성들 중에 자신의 몸을 있는 그대로 사랑해 본 사람이 있기는 할까 싶을 정도로요.

캔자스대학교의 심리학자 크리스틴 크랜들의 연구에 따르면, 과체중에 대한 편견에는 다음의 세 가지 요소가 함께 나타난다고 합니다.[6]

1. 과체중인 사람들에 대한 강한 비호감과 혐오
2. 과체중인 사람들은 의지력이 약하며, 의지력이 약하기 때문에 과체중이 된 것이라는 편견. 따라서 사회가 이들을 차별하고 멸시하는 것이 정당하다는 생각
3. 과체중을 혐오하는 사회에서 발달된 살찌는 것에 대한 두려움

차별이 가장 강력한 힘을 발휘할 때는 그 내용이 차별의 대상이 되는 사람들의 마음속에 뿌리내릴 때입니다. '나도 흑인이지만 흑인들은 좀…….' '나도 여자이지만 여자들은 좀…….'이라는 생각들이 한 예죠. 체중에 대한 편견과 혐오가 마음속에 자리 잡은 사람들 역시 그렇지 않은 사람들보다 자신의 몸, 나아가 '나'라는 존재를 부끄러워하고, 음식 섭취와 관련해 다양한 장애를 겪을 확률이 높다는 연구 결과들이 있어요.[7]

또한 이들은 끊임없이 주변 사람들의 몸과 비교하며 다른 사람들의 몸을 관찰하고 자신의 몸을 검열하는 경향을 보입니다.

뚱뚱하지 않게 보이려는 데에 지나치게 많은 시간과 에너지를 투자하기도 하고요. 정상 체중임에도 지나치게 뚱뚱하다며 몸을 왜곡해서 인식하기도 해요.

일상생활 속에서 "이렇게 많이 먹다니 미쳤나 봐!"라고 자학하거나 과한 죄책감을 느끼는 현상 또한 나타나지요.[8] '팻 토크'(fat talk)라고도 하는데요, 자신의 몸에 대한 혐오와 부끄러움이 심한 사람들이 그렇지 않은 사람들보다 평소에도 살이나 몸에 대한 부정적인 이야기를 더 자주 하는 경향을 보여요. 슬픈 현실은 단지 맛있는 걸 먹었을 뿐인데 부끄러움에 몸을 떨고 나쁜 말로 자신에게 벌을 내리는 사람들을 어렵지 않게 볼 수 있다는 것입니다.

저 역시 오랫동안 멀쩡한 제 식욕과 몸을 미워해 왔어요. 하지만 어느 순간 사실 나에게는 아무런 문제가 없었음을 깨달았습니다. 내가 내 몸을 미워했던 것 또한 정말 내 몸에 커다란 하자가 있어서가 아니란 걸 알게 되었어요. 사회의 가혹한 기준이 잘못된 것이었을 뿐, 내 몸은 움직이고 옷을 입고 다니기에 편안하고 내가 하고 싶은 일들을 대부분 가능하게 해 주는, 사실은 꽤나 멋진 내 일부였죠. 이 사실을 눈치채지 못하게끔, 어떻게든 네 몸을 부족하게 여기라며 문제를 만들어 낸 사람들이

있었을 뿐이에요.

다행히도 여성을 깎아내리기에 바쁜 사회에서 자신에게 비교적 너그러울 줄 아는 여성들이 있습니다. 외부의 시선을 그대로 받아들여서 자신을 함부로 평가하지 않는 것이지요. 그런 시선이 느껴질 때에도 사실 나에게는 별다른 문제가 없는 게 아닐지 생각해 보고 스스로 따뜻한 시선을 적용할 수 있는 여성들은 그렇지 않은 여성들보다 몸에 대한 혐오와 자기 비난을 비교적 덜 겪는다는 연구가 있었어요.[9]

성별에 따른 이중 잣대와 차별이 존재하는 상황에서 몸에 대한 부끄러움이나 자기 비난에서 자유롭기란 쉽지 않은 일입니다. 하지만 맛있는 음식을 먹으며 죄책감 없이 있는 그대로 행복해하는 여성들이 주인공으로 등장하는 TV 프로그램이 인기를 얻는 등 쓸데없는 구속에서 벗어나려는 시도들이 점점 힘을 얻고 있는 것 같아요.

국내 최초의 플러스 사이즈 모델로 활동하고 있는 김지양 씨처럼 "다양한 몸의 아름다움을 존중하자."는 목소리들도 더 커지고 있습니다. 김지양 씨는 『66100』이라는 잡지를 직접 발행하기도 했는데, 이 잡지의 모토는 "사이즈 너머 당신의 무한함을 이야기합니다."라고 하네요.

2019년 6월에는 유명 스포츠 브랜드 나이키가 런던 매장에 여성들의 다양한 몸을 반영한 플러스 사이즈 마네킹을 설치해 화제가 되기도 했지요. 조금도 튀어나오지 않은 평평한 배, 군살 없는 팔다리만 아름답고 건강한 몸이라는 신화에 도전장을 내민 거죠. 이 마네킹의 등장에 많은 사람들이 환호했습니다.

남성들 역시 남자는 키가 커야 한다는 둥 어깨가 넓어야 한다는 둥 '남자다워야' 한다는 압박을 받곤 합니다. 내 몸은 내 몸일 뿐인데 굳이 성별에 따른 고정관념 때문에 여자 또는 남자다워야 한다며 괴로워하는 건 안타까운 일이에요.

완벽하게 기능하고 있었던 나의 몸을 이유 없이 오래 미워하고 있었다면, 이번 기회에 몸에게 감사의 마음을 전해 보는 것도 좋겠지요. '내 눈, 코, 입과 배, 팔다리야. 너희 덕분에 모든 걸 자유롭게 할 수 있는데도 매일 불평만 해서 미안해. 그리고 고마워.' 정도로 시작해 보면 어떨까요? 또 자신의 외모와 몸매가 어떻다는 둥 몸에 대해 불평하는 대열에도 동참하지 않기로 해요. 내 몸은 몸으로서 충분히 기능하고 있는걸요.

Part 2

고민해도 괜찮아요

비교하지 않으려고 해도 자꾸 남들과 비교하는 내가 싫다든가, 소심하고 눈치 보는 내가 싫다든가, 쉽게 소외감을 느끼는 내가 싫다든가, 또는 귀가 얇고 사람들이 하라는 대로 따라가는 내가 싫다든가, 사회성이 떨어지는 내가 싫다는 등 나를 싫어하는 이유는 다양해요. 하지만 이 모든 것은 우리가 '인간'이기 때문에 생기는 일입니다. 화성에서 온 외계인이 아닌 이상 대부분의 사람이 때때로 자신을 남과 비교하고, 소심하거나 소외감을 느끼고, 어느 때는 귀가 얇고, 사람 만나는 걸 피곤해하기도 해요. 이런 이유로 내가 싫어질 때가 있다면 나 또한 평범한 사람임을 잊고 있는 건 아닐까요?

세 사람을 두고 서로 공을 주고받게 합니다. 그런데 사실 그 중 두 명은 연구자와 한패여서 자기들끼리만 공을 주고받고 나머지 사람에게 공을 주지 않습니다. 그러면 어떤 일이 일어날까요? 오래된 친구가 아니라 오늘 처음 보는 사람들이고, 좋아서 하는 것도 아니고 시켜서 공놀이를 하는 상황에서도 공을 받지 못한 사람은 단 10초 만에 자존감이 떨어지고 내가 뭘 잘못해서 사람들이 날 싫어하는 건지 눈치를 보게 됩니다. 또 '나는 쓸

모없는 인간인가 봐.'라고 생각하는 등, 삶의 의미마저 추락하는 것처럼 느낀다고 해요. 어린이든 어른이든 마찬가지로요. 중요한 일에서 대놓고 소외시키는 것도 아니고, 공놀이 같은 것에 소외시킨 것만으로도 대부분의 사람들이 크게 낙담하고 눈치 보는 모습을 보입니다.[1]

그런데 왜 이런 현상이 나타날까요? 인간은 사회적 동물입니다. 단순히 모여서 산다는 의미가 아니라 서로 긴밀하게 협력해 세상을 만들어 나간다는, 좀 더 깊은 의미입니다. 인간 하나가 할 수 있는 일은 많지 않지만, 여럿이 조직적으로 협력하면 다리를 놓고 길을 넓히고 빌딩을 짓고 나라를 세우죠. 그런데 만약 소외되는 것이 아무렇지도 않고 그 누구의 눈치도 보지 않는 사람이 많다고 해 봅시다. 그럼 일단 사람들은 모이려고 하지 않을 테고 사회를 만들어 살지도 않겠지요?

배고픔은 '현재 음식이 모자라니 빨리 뭘 먹으라고!' 하는 신호인데요, 외로움이나 소외감은 이와 비슷하게 사회적 배고픔인 셈이에요. '좋은 인간관계가 부족하니 빨리 나가서 사랑을 주고받으렴.'이라는 신호거든요. 배고픔을 전혀 느끼지 않는다면 굶어 죽을 확률이 높은 것처럼, 외로움과 소외감을 잘 안 느끼는 사람 역시 사회적으로 사망할 확률이 높은 사람일 것입니다. 가족이나 친구를 만들려고 하지도, 누군가를 사랑하려고 하지도 않겠죠. 평생 혼자 지내는 걸 전혀 괴로워하지 않는다면요.

눈치를 보는 것 또한 마찬가지예요. 우리는 주변 사람들과 가능하면 더 좋은 관계를 만들어 나가고 싶기 때문에 무의식적으로도 '저 사람이 뭘 좋아하고 싫어할까?' '방금 내가 이런 얘기를 해서 기분 나쁘지는 않았을까?' '나를 멍청하다고 생각한 건 아닐까?' 같은 고민을 합니다.

이런 고민을 하게 되는 것 역시 내가 이 관계를 중요하게 생각하고 많이 노력하고 있다는 뜻이에요. 눈치를 본다는 것은 상대편의 마음이나 생각, 행동 등을 살펴서 거기에 맞게 행동함으로써 그 사람을 기쁘게 해 주고 싶다는 것이거든요. 지금 눈앞의 친구가 어떤 생각과 감정을 가지고 있는지, 내가 무얼 해 주길 원하는지 생각하는 과정에는 입장을 바꿔 생각해 보는 마음과 친구를 먼저 배려하는 따뜻한 마음이 깃들어 있기도 합니다.

예를 들어 눈치를 하나도 보지 않고 주변 사람들을 전혀 신경 쓰지 않는 사람을 생각해 봐요. 수업 시간에 드러눕고 싶다고 해서 갑자기 드러눕고 친구들이 보든 말든 아랑곳하지 않고 코를 후빈다든가, 보통은 쉽게 상상하기 힘든 행동들을 할 수도 있을 거예요. 오늘따라 유난히 힘들어하는 친구 앞에서 "넌 뭐 그런 걸 가지고 힘들어하냐."는 둥, "네가 힘들어하는 게 하나도 이해되지 않아."라는 둥 퉁명스러운 말을 내뱉을 수도 있겠죠. 눈앞에 있는 사람의 욕구에 전혀 관심이 없다면 말이에요. 따라서 사람들의 마음을 읽으려 애쓰는 과정은 외로움과 마찬가지로 올바른 사회적 동물로 살아가는 데 중요한 '도구'가 된답니다.

사람들이 나만 쳐다보는 것 같아요

하지만 물론 눈치가 '지나친' 것은 문제가 됩니다. 사람들이 나를 어떻게 생각할까 날마다 고민한다거나 누군가를 만날 때마다 고민이 많아서 불편한 나머지 사람들을 아예 피하는 등의 행동들 말이에요. 고민이 지나친 나머지 나의 행동을 하나하나 모니터링하면서 친구는 전혀 그렇게 느끼지 않았는데 혼자서 내 행동이 이상했다고 머리를 쥐어뜯거나 하는 행동들이요. 또는 사람들이 그냥 얘기하고 웃는데 혹시 내 얘기를 하는 게 아닌가 걱정하거나 하는 것들이요.

한 가지 위안이 되는 사실이 있다면 '내가 생각하는 것만큼' 사람들은 나한테 관심이 없어요. 어제 친구가 무슨 양말을 신었는지, 친구 옷에 음식이 튀었는지 안 튀었는지 자세히 기억할 수 있나요? 한두 명까지는 몰라도 반 친구들 모두에 대해서는 기억하지 못할 겁니다. 우리의 '주의'는 한정되어 있거든요. 늘 다니던 길에서도 약국이 바로 거기에 있다는 사실을 모르고 있다가 약이 필요해졌을 때 새삼 깨닫고는 '어? 왜 전에는 이 길에서 약국을 못 봤지?' 하고 생각하기도 하잖아요. 우리는 우리가 접한 모든 일을 자세히 기억하지는 못합니다.

실험을 하나 살펴봅시다. 학생들에게 우스꽝스러운 그림이 그려져 있는 촌스러운 티셔츠를 입게 합니다. 그러고 나서 학생들에게 "이제 강의실로 들어가면 되는데, 저 안에 있는 사람들 가운데 몇 명이나 당신의 우스꽝스러운 티셔츠를 눈치챌 거라고 예상하나요?" 하고 묻습니다. 그러면 학생들은 못해도 반 정도가 눈치챌 것이라고 말합니다. 하지만 실제로 다른 학생들에게 눈치챘는지 물어보면 20퍼센트 정도의 사람만이 눈치챘다고 답합니다.[2] 이 현상은 사람들은 생각보다 나한테 관심이 없지만 왠지 세상 사람들이 다 나만 바라볼 것처럼, 마치 내 머리 위에만 조명이 비춰지는 것처럼 여긴다고 해서 '스포트라이트

효과'라고 불립니다. 아주 흔히 나타나는 착각 중 하나죠.

내가 지하철에서 몸을 흔들거리며 춤을 춘다고 해도 몇 명만 이 잠깐 웃고 지나갈 뿐 대부분은 내 얼굴도 기억하지 못할 거예요. 누군가 거리에서 길을 물어볼 때에도 길을 한창 가르쳐 주고 있을 때 물어보는 사람을 바꿔치기해서 새로운 얼굴을 앞에 세워놔도 길을 가르쳐 주던 사람이 전혀 눈치채지 못한다는 실험들도 있었는걸요. 살면서 신경 쓸 일이 너무 많기 때문에 우리 뇌는 모든 것을 똑같이 신경 쓰지 못합니다. 특히 길을 알려 주는 것처럼 한 가지에 몰두하게 되면 가뜩이나 모자란 주의력을 쓸데없는 일들에까지 분배하지 않습니다.

세상 모든 일을 전부 신경 쓰면서 살아간다고 생각해 봐요. 얼마 안 가 머리가 터져 버리지 않겠어요? 다들 마찬가지예요. 나만큼 나에 대해 많이 신경 쓰는 사람은 없답니다. 그럼에도 우리는 내가 나에 대해 많이 생각하므로 다른 사람들까지도 나에 대해 그만큼 많이 생각할 거라고 느끼곤 합니다.

비슷한 현상 중에 '투명성의 착각'이라는 것이 있습니다. 사람들에게 마음속으로 〈애국가〉나 〈학교 종〉 등 친숙한 노래를 부르며 손가락으로 장단을 맞추도록 해요. 그러고 난 다음 주위 사람들 중 몇 명이나 자신이 부른 노래를 맞힐 거라고 예상하

는지 묻습니다. 그러면 못해도 3분의 1 정도가 알아맞힐 거라고 응답하는 사람이 많다고 해요. 하지만 실제로는 100명 중 세 명 남짓만 맞히는 현상이 나타나지요.

머릿속에서 나 혼자 떠올린 노래이기 때문에 다른 사람들에게는 들릴 리가 없죠. 하지만 여전히 내 머릿속에서는 이 노래가 너무 뚜렷하게 들리기 때문에 무심코 마치 다른 사람들한테도 내 마음속 노래가 들리는 것처럼 생각하는 거예요. 대놓고 표현하지 않는 이상, 사람들이 내 안에서 일어나는 일을 눈치챌 방법은 없습니다. 대충 찍을 수는 있겠죠. 하지만 말 그대로 찍는 것이기 때문에 그 정확성은 3퍼센트가 채 되지 않습니다.

이런 실험 결과는 내가 생각하는 것보다 사람들은 나에게 큰 관심을 가지지 않으며, 역시 내가 생각하는 것보다 나에 대해 잘 알지 못한다는 걸 보여 줍니다. 사람들이 나를 잘 모른다는 건 거꾸로 나 역시 내 친구의 속마음을 잘 알지 못한다는 걸 의미하기도 하지요. 친구가 나를 미워하는 것 같다고 생각해서 걱정하는 것도 마찬가지예요. 그냥 그런 것 같다고 찍은 것일 뿐 실제로 그런지는 알 수 없잖아요.

그러니 다른 사람들이 나를 어떻게 볼까 걱정하는 것은 적당한 선에서 멈추도록 해요. 몇 시간을 고민해 봤자 어차피 정

확하지 않다면 고민할 이유가 없잖아요. 그래도 뭔가 '쎄한' 느낌이 든다면 찍기를 그만두고 친구에게 직접 물어보는 게 훨씬 빠르겠죠?

거절에 대한 두려움

앞서 인간은 사회적 동물이라고 했죠. 그러니까 인간은 단순히 무리를 지어 사는 것을 넘어서 소외되어 사람들에게서 멀어지면 외로움과 고독, 절망에 빠지는 반면 칭찬을 받거나 사랑받으면 자신감과 행복감이 솟구치는 동물입니다. 또 외로운 사람들은 각종 질병에도 더 잘 걸리고, 외로운 나머지 극단적인 선택을 하게 되기도 하죠.

이렇게 사회적인 동물에게 다른 사람들과 함께 어울려 산다는 것은 행복, 건강 및 생존에 매우 중요한 일입니다. 그렇다 보니 앞에서 살펴본 것처럼 쉽게 소외감을 느끼고 사람들이 나를 싫어할까 봐 걱정하고 눈치를 보죠. 때로는 지나칠 정도로요. 모두 인간이라면 하게 되는 정상적인 행동입니다.

이렇게 사랑받고 친밀한 관계를 만드는 것이 중요하기 때문

에, 지나치게 눈치 볼 필요가 없다는 걸 알아도 대부분의 사람들이 소외되는 것과 거절당하는 것을 두려워합니다. 실제로 소외되고 거절당하는 나쁜 일들이 일어나기 훨씬 전부터 혹시라도 누군가 나를 싫어할까 봐, 눈앞의 상대편이 나 때문에 불쾌함을 느끼거나 혹시 나와 함께하는 시간을 지루해할까 봐 걱정하곤 합니다. 이러한 유형의 걱정들을 '거절당하는 것에 대한 두려움'이라고 해요.

소외를 당하고 미움을 받으면 때론 죽을 것처럼 고통스럽기 때문에 이런 일이 일어날까 두려워하고 걱정하는 것은 자연스러운 행동이에요. 하지만 문제는 역시 거절당하는 것을 지나치게 두려워할 때 나타납니다. 지나치게 두려워해서 더 자신감을 잃고 사회성을 잃는 일들이 발생하거든요. 거절당하지 않으려고 애쓰지만 그럴수록 더 많이 거절당하는 일이 생기는 것이지요.

일단 거절에 대한 두려움이 너무 크면 그렇지 않을 때보다 사람들을 만나는 것 자체가 두려워질 수 있어요. 누구를 만나든 심하게 긴장하고 불안해하는 모습을 보이죠. 사람들을 만나는 게 즐겁기보다 지치고 힘든 일이 되는 거예요.[3]

그냥 혼자서 스트레스를 많이 받고 끝나는 거라면 괜찮겠지만 안타깝게도 거기서 끝이 아닙니다. 내가 지나치게 불안에 떨고 주눅 든 모습을 보이면 상대편은 '잘은 모르겠지만 저 사람이 나를 불편해하는군.' 하고 생각하게 됩니다. 나는 두려워서 소심하게 행동하는 것뿐이지만 다른 사람에게는 '불편해하거나 탐탁지 않아 하는 것'처럼 보이는 오해를 불러일으킬 수 있어요.

힘들 때 사람들에게 도움받고 위로와 응원을 받는 것을 '사회적 지지'라고 합니다. 이런 사회적 지지가 존재하는 사람과 그렇지 않은 사람은 행복과 건강에서 큰 차이를 보여요. 그런데

이런 사회적 지지가 흥미로운 점은, 실제로 누가 옆에 딱 붙어서 도와주고 응원해 주지 않더라도 그냥 내가 '주위에는 나를 사랑해 주고 소중히 여겨 주는 사람들이 있다.'고 생각하는 것만으로도 그 효과가 어느 정도 나타난다는 거예요.

반대로, 실제로 도와주는 사람들이 있어도 '나를 별로 좋아하지도 않는데 어쩔 수 없이 그러는 걸 거야.'라고 여기는 등 삐딱하게 생각하기 시작하면, 문제가 해결되더라도 도와준 사람과의 관계가 깊어지고 행복해지는 등의 일은 잘 일어나지 않습니다.[4] 사랑을 받는 것의 효과는 주는 사람의 일방통행으로 가능한 것이 아니라 받는 사람 역시 이를 알아채고 고마워할 때 완성된다는 것이지요.

하지만 거절에 대한 두려움이 큰 사람들은 그렇지 않은 사람들에 비해 사랑받을 거라는 기대가 낮고, 실제로 사랑을 받아도 기뻐하기 이전에 '왜 나한테 이러지?' 같은 의심부터 합니다. 그러다 보니 누군가 사랑을 줘도 받지 못하는 안타까운 일이 일어나기도 하지요.

저 역시 이런 두려움을 크게 느끼던 때가 있었습니다. 사람들이 나를 좋아할 리가 없다고 생각했거든요. 그래서 어떻게든 타인을 즐겁게 만들어 보려고 애쓰다가 금세 지치고 역시 사랑

받는 건 힘들다고 생각하길 되풀이했어요. 결국 '사람들과 함께 있는 시간은 몸과 마음이 지치는 시간'이 되어 어떻게든 피하고 싶어졌지요.

하지만 좋은 친구들을 몇 만나게 되면서 생각이 바뀌었어요. 내가 친구들을 좋아하는 이유는 다양하죠. 조용히 앉아서 같이 책만 보고 있어도 즐거운 친구가 있고, 같이 맛있는 걸 먹을 때 좋은 친구가 있고, 얘기를 잘해서 좋거나 또는 얘기를 잘 들어 줘서 좋은 친구들이 있어요. 내가 그런 것처럼 친구들도 내가 딱히 잘나지 않아도 그냥 함께 맛있는 걸 먹어서, 이야기를 잘 들어 줘서, 가끔 바보같이 행동하는 게 재미있어서 등 다양한 이유로 나를 좋아할 수 있다고 생각하게 되었습니다.

간혹 나를 좋아하지 않는 사람이 있다고 해도 뭐 어쩌겠어요. 생각해 보면 나 역시 세상 사람 모두를 똑같이 다 좋아하는 게 아니잖아요. 그냥 아무 이유 없이 좋은 친구가 있듯 성격이 잘 안 맞거나 그냥 왠지 불편한 사람도 있기 마련이니까요. 사람들은 생긴 것도 생각하는 것도 다 너무 다른데, 100명 중에 한두 명이라도 나랑 잘 맞는 사람이 있다는 것이 대단하고 멋진 일 아닐까요?

보통 중요하게 생각할수록 망칠까 봐 두려워하기 마련입니

다. 인간관계가 중요한 만큼 걱정이 많은 건 자연스러운 일이에요. 하지만 어떤 사람을 만날지는 사실 걱정한다고 해서 내가 통제할 수 있는 부분은 아닙니다. 미리 어떤 사람이 나와 잘 맞을지 알고 반 친구들을 다 나와 맞는 사람들로 배치하면 좋겠지만 그렇게 할 수 있는 게 아니잖아요. 한 명 한 명 좋든 싫든 알아 가면서 처음에는 별로였는데 알고 보니 뜻밖에 괜찮다든가, 처음에는 괜찮은 줄 알았는데 장난치는 것 말고 깊은 이야기는 하지 못하겠다든가 하는 다양한 면들을 하나하나 발견하게 되는 거죠.

거절은 내 인간관계가 망했다는 뜻이 아닙니다. 나는 평생 외톨이로 살 거라는 뜻도 아니에요. 좋은 사람을 발견해 나가기 위해서 꼭 필요한 과정 같은 거죠. 어떤 사람이 나랑 안 맞는지 깨달으면 더 좋은 관계를 만들어 가기 위한 힌트를 얻는 셈이니까요.

거절 연습

사람들에게 거절당할 때마다 번번이 무너지는 자기 모습이 싫

어서 거절당하는 것에 익숙해지도록 연습한 사람이 있습니다. 『거절당하기 연습』이라는 책을 쓴 중국계 미국인 사업가 지아 장인데요. 그는 100일 동안 하루에 한 번씩 거절당하기를 시도하는 일명 '100일 동안 거절당하기 프로젝트'를 시작했어요.

첫날 지아 장은 낯선 사람에게 다가가 100달러(환율에 따라 다르지만 한국 돈으로 대략 10만 원이라고 치기로 해요.)만 빌려 달라고 했습니다. 그러자 상대방이 당황하며 "안 되겠는데. 근데 왜?"라고 물었습니다. 지아 장은 이 상황을 카메라에 담았는데요, 그 영상에는 식은땀을 삘삘 흘리며 잽싸게 100달러를 외치고는 상대방의 대답이 채 끝나기도 전에 도망치는 자신의 모습이 담겨 있었다고 합니다. 상대방은 심지어 "왜?"라고 묻기까지 했고, 아무도 위협하지 않았는데도 혼자 무서워서 도망치는 자기 모습이 한심해 보였다고 해요. 그래서 그다음부터는 좀 더 오래 거절 과정에 머무르기로 마음먹었다고 합니다.

어느 날은 한 도넛 가게에 들어가 올림픽링(오륜) 모양으로 도넛 다섯 개를 연결해 달라고 정중하게 요청했습니다. 무리한 요구에 당연히 안 된다고 거절당할 거라고 생각했는데요, 도넛을 만드는 직원의 반응은 놀라웠어요. 특이한 요청에 흥미를 보이며 어떻게 할지 한참을 고민하다가 최선을 다해 색깔까지 정확

하게 올림픽링 모양의 도넛을 만들어 준 것입니다. 지아 장은 진심으로 놀랐고 고마움을 표현했어요. 그 말에 직원은 자신도 즐거웠다며 “이 도넛은 내가 쏘는 거.”라고 답하기까지 했답니다.(해당 영상은 유튜브에서 볼 수 있습니다. Rejection Therapy Day 3-Ask for Olympic Symbol Doughnuts)

그는 이 경험이 자신의 인생을 바꿨다고 고백했습니다. 안 될 거라고 물어보지도 않고 포기부터 했다면, 쭈뼛쭈뼛하다가 바로 도망쳤다면 어떻게 하면 될지 같이 생각해 보자는 진지한 반응을 얻을 수 없었을 거라고 말이지요.

이 프로젝트를 진행하는 동안 또 하루는 처음 보는 낯선 사람 집에 찾아가서 마당에 화초를 하나 심어도 되겠냐고 물었습니다. 그 사람은 잠시 머뭇거리더니 강아지를 키우고 있어서 아마 심으면 강아지가 다 헤쳐 놓을 거라며 당신의 화초를 망치기 싫다고, 미안하다고 했습니다. 그러면서 어디 어디 집에 사는 사람이 마당 가꾸기를 좋아하는데 거기 가서 물어보면 어떻겠냐고 조언해 주기까지 했대요. 이 경험에서 지아 장은 거절하는 누군가의 이유가 꼭 ‘내가 싫어서, 내가 멍청해 보여서’와 같이 나에 관한 것만은 아니라는 걸 깨달았다고 합니다.

우리는 거절당할 때 상대편이 ‘나를’ 거절한 것처럼 생각하

지만 실제로는 다양한 이유가 있다는 것이죠. 모든 것이 다 나 때문이라고, 저 사람이 나를 거절한 거라고, 너무 '나 중심으로' 생각할 이유는 없다는 겁니다. 우주는 나를 중심으로 돌지 않으니까요.

또 많은 사람들이 내가 생각하는 것보다는 친절한 편이에요. 몇몇 연구들에 따르면, 사람들은 자신이 뭔가를 부탁했을 때 타인이 응할 확률을 실제보다 과소평가하곤 한다고 해요. 무거운 걸 10분 정도 거리까지 함께 운반해 달라는 요청이나, 급해서 그러는데 잠시 휴대전화를 빌릴 수 있겠냐는 비교적 있을 법한 요청부터 그냥 장난치고 싶어서 그러는데 도서관 책에 낙서 좀 해 달라는 말도 안 되는 요청까지 모두 사람들이 '예상한' 숫자보다 훨씬 많은 사람들이 부탁에 응하는 모습을 보였어요.[5]

또한 도움을 구하면 보통 무능력하고 한심해 보일까 봐 걱정하는 것과 다르게 되레 맡은 일을 열심히 하려고 하고 진지한 사람이라는 좋은 인상을 남길 수 있다는 발견들도 있었어요.[6] 도움을 구할 때 그 도움을 요청받은 사람의 자존감이 높아지는 현상도 나타나고요. 누군가 도와 달라고 하는 건 그만큼 내가 믿을 만하고 유능한 사람이라는 뜻이기도 하니까요. 제 경우 학교 다닐 때 문제 푸는 걸 어려워하는 친구들이 있으면 제가 먼

저 나서서 알려 주곤 했던 기억도 있어요. 누군가에게 도움이 된다는 건 뿌듯한 일이니까요. 생각보다 사람들은 나의 부탁을 싫어하지 않는다는 거예요.

아마 안 될 거라고 미리 겁부터 먹고 아무한테도 먼저 다가가지 않으면 거절은 일어나지 않을 겁니다. 하지만 만날 수 있었던 소중한 인연이나 따뜻한 경험 또한 놓치게 되겠죠.

혹시 이런 이유로 좋은 친구들을 놓치고 있지는 않나요? 최악의 상황이 펼쳐진다고 해도 '아니. 싫어. 미안.' 정도인 거잖아요. 지구가 멸망하지도 않고 내 삶이 끝나는 것도 아니죠. 노벨상 수상자로 유명한 심리학자이자 경제학자 대니얼 카너먼은 그 어떤 일도 "당신이 생각하는 것처럼" 나쁘지 않다고 이야기하기도 했어요. 우리는 엄살쟁이들이니까요. 누군가 나를 거절한다고 해도 그냥 그 사람이 어떤 이유로 거절했고 미안해했다고 받아들이면 됩니다. 누군가의 거절이 꼭 내 잘못인 것은 아니니까 자책할 이유도 없답니다.

생각해 봅시다

친구와 놀러 가기로 약속을 잡았는데 친구가 다른 일이 생겼다며

취소했어요. 또는 나랑 같이 숙제를 하기로 해 놓고 다른 친구랑 했습니다. 이때 나에게 어떤 말을 해 줄 수 있을까요?

1. 내 마음이 얼마나 아픈지 들여다봅니다. 친구와의 관계를 소중하게 느낄수록 마음이 쓰린 건 당연한 거예요. 나에게 무슨 말을 해 주면 좋을까요?

2. 친구가 그런 결정을 한 건 나 때문일까요? 다른 사정이 있었던 것은 아닐까요? 어떤 사정들이 있었을지 생각해 봅시다.

사회성이 없는 내가 싫어요

"사회성이 없는데 어떡하죠?" 같은 질문을 많이 받곤 합니다. 보통 활달하기보다 차분하고, 많은 사람들과 어울리기보다 소

수의 사람들과 친밀하게 어울리는 걸 좋아하거나, 시끄럽게 떠들기보다는 조용히 듣는 걸 좋아하는 사람들에게 "사회성이 부족하다." 같은 말을 하는 것 같아요. 그런데 정말 사회성이 없는 건 이것과 좀 달라요. 진짜 사회성이 없다는 게 어떤 건지 한번 살펴볼게요.

인간은 누구나 사랑받고 관심받고 싶은 욕구를 가지고 있지만 드물게 그런 사회적 욕구가 적은 사람들이 있어요. 이를 '비사회성'이라고 부르는데요, 비사회성은 내향적이거나 사회 공포증이 있거나 단순히 부끄러움이 많은 것과는 크게 달라요.

내향적이라고 하면 왠지 사람들을 만나는 걸 싫어하고 혼자 방구석에만 있는 외톨이 같은 사람을 떠올리곤 하지만 실제로는 그렇지 않아요. 사람이 많은 건 부담스러워할지 몰라도 내향적인 사람들도 친한 친구들과 있으면 잘 이야기하고 크게 즐거워하거든요. 행복하고 외향적인 사람들, 그리고 행복하고 내향적인 사람들, 이렇게 두 그룹을 연구한 사례를 소개할게요. 친한 친구들을 얼마나 자주 만나는지, 친구들에게 고민 상담을 하는지에 있어서도 내향적인 사람들과 외향적인 사람들 사이에 별다른 차이가 없다는 발견이 있었답니다.

또 사람이 많은 장소에서 다양한 사람들과 대화를 나누게 한

뒤 행복도를 물어보아도 내향적인 사람들과 외향적인 사람들 사이에 차이가 나타나지 않았어요. 오히려 내향적인 사람들이 외향적인 사람들보다 더 사람들과의 대화가 즐거웠다고 응답하는 경향을 보였지요.[7] 사람을 좋아하는 것에서는 내향성과 외향성 사이에 차이가 없다는 이야기예요.

차이가 발생하는 부분은 '자극 추구성'과 '에너지'예요. 자극 추구성이라는 말이 어렵게 느껴질 수도 있으니 예를 좀 더 들어 설명해 볼게요. 외향적인 사람들은 기본적으로 들떠 있고, 에너지가 많고, 집에 가만히 있기보다는 나가서 신나는 걸 찾아야 하고, 목소리가 큰 편이에요. 워낙 활발하고 에너지가 많다 보니 사람들과도 잘 어울려 놀지만 '야외 활동'이나 스포츠 같은 것도 많이 해요. 반면 내향적인 사람들은 들떠 있기보다 차분하고, 목소리가 크기보다 조용조용하죠. 또 밖에 나가면 나가는 대로 즐거운 시간을 보내지만 집순이 또는 집돌이 생활도 꽤 적성에 맞기 때문에 굳이 나가지 않는 편이에요. 이렇게 외향적인 사람들은 밖에 잘 돌아다니고 목소리도 크니까 눈에 잘 띄는 반면 내향적인 사람들은 조용조용한 편이어서 외톨이라는 오해를 받기 쉬운 것이지요.

이런 성격은 어느 정도 타고나는 것이기도 해서 갑자기 "내

일부터 에너지가 넘치고 자극을 추구하는 외향적인 사람이 될 테야!"라고 결심한다고 해서 바뀔 수 있는 것은 아닙니다. 마찬가지로, 항상 나가서 놀아야 하는 사람이 어느 날 갑자기 집순이(집돌이)가 될 수 없듯이요. 내향적인 사람도 나름의 방식으로 충분히 친밀한 관계들을 잘 만들 수 있으니까 굳이 바꿀 이유도 없고요. 친구들을 떠올려 봐도 항상 시끄럽고 활달한 친구가 있는가 하면 차분하고 진지한 친구도 있잖아요. 관계란 이처럼 다양하기 때문에 좋은 면이 분명 있으니까요.

만약 이런 성격을 고치라고 잔소리하는 사람이 있다면, 그 사람이 다른 사람의 성격을 잘 이해하지 못하고 다양성을 인정하지 못하며 자기 기준만 내세우는 편협한 사람인 것이니 가까이하지 않아도 좋습니다. 잘못된 게 아닌데 고치라고 하는 건 이상하니까요. 긍정적인 사람들이 비행기를 만들 때 부정적인 사람들이 낙하산을 만든다고 하잖아요. 세상에는 다양한 사람들이 필요해요. 모두가 들떠 있기보다 조금은 차분하고 진지한 사람들도 존재해야 세상이 잘 굴러가지 않겠어요?

또 자기 성격을 빨리 파악하고 잘 받아들여야 '나와 맞는 환경'이나 '나와 맞는 사람들'을 더 빨리 찾아 나설 수 있어요. 물고기로 태어났는데 육지에서 살아가라고 하면 살 수 없잖아요.

내가 물고기임을, 또 물고기인 것이 내 잘못도 아님을 깨닫고 빨리 강이나 호수나 바다를 찾아 나서는 게 현명하겠죠.

만약 사람들을 만나는 게 꺼려지고 무섭다면, 그건 성격보다는 앞에서 말한 것 같은 거절에 대한 두려움이 크거나 사회 공포증이 큰 경우입니다. 사회 공포증 역시 사람들을 싫어하거나 친해지고 싶은 욕구 자체가 낮은 것은 아닙니다. 그 반대에 가깝지요. 사랑과 애정을 원하지만 사람들이 사랑과 애정을 주지 않을까 봐, 내가 이상한 행동을 해서 사람들에게 미움을 살까 봐 걱정하고 두려워하는 거예요. 애초에 인간관계가 중요하지 않다면 두려워하고 눈치 볼 필요도 없겠죠. 다시 말해 사회 공포증이 심한 사람들의 경우 사람들에게 다가가고 싶지만 그게 어려워서 힘들어하는 것입니다. 이 역시 사회적 욕구가 없다기보다 오히려 많은 것에 가깝죠.

그렇다면 정말 비사회적인 사람들은 어떨까요?[8] 이들은 일단 사람에 대한 흥미 자체가 낮습니다. 누가 누구한테 뭘 어쨌더라 하는 이야기에도 전혀 흥미가 없고 사람들이 나를 어떻게 생각하는지에도 관심이 없습니다. 보통 어떤 사람이 나를 싫어한다거나 나에 대한 험담을 하고 다닌다는 얘기를 들으면 가슴이 쿵 하고 내려앉거나 화가 나죠. 하지만 비사회적인 사람들은

사람에게 관심이 없기 때문에 이런 얘기를 들어도 별로 느끼는 게 없어요. 친구도 만들려고 하지 않고 친구가 없어도 고독함이나 외로움을 잘 느끼지 않습니다. 아마 혼자 무인도에 가서도 별 탈 없이 잘 지낼지도 모르겠어요.

사회 공포증을 보이는 사람들은 낯선 사람들과 있을 때 걱정이 많아지고 쉽게 불안해집니다. 하지만 비사회적인 사람들은 역시 사람들에게 별 관심이 없고 잘 보이고 싶은 생각도 딱히 없기 때문에 그다지 어색함이나 불안함을 느끼지 않아요. 그보다 '즐거움'이 빠져 있는데요, 친한 사람들과 대화를 해도 즐겁거나 기쁘다는 감정을 느끼지 않습니다. 반대로, 사회 공포증이 있는 사람들은 친한 사람들과 함께하는 자리에서는 편안함과 즐거움을 느껴요.

즉 사회 공포증이 있는 사람들이 다른 사람들과 친해지고 싶지만 거절당할까 봐 두려워서 못 다가가는 것과 달리 비사회적인 사람들은 애초에 사람들과 친해지고 싶은 욕구 자체가 낮은 것이지요. 친한 친구를 원하지만 어쩔 수 없이 혼자인 게 아니라, 친한 친구가 필요하지 않은 것에 가까워요.

또한 비사회성은 이따금 우울하고 처질 때만 일시적으로 사람을 만나기 싫은 게 아니라 본래 사람에게 별 관심이 없는 것

에 가깝습니다. 때로 혼자 보내는 시간이 필요한 것과도 달라요. 비사회성은 쿨한 척하거나 고고한 사람 놀이를 하는 것과도 다릅니다. 고독을 즐기는 '척'하는 게 아니라, 사랑하는 사람들과 함께 있는 것보다도 고독이 편한 거예요.

그러니 여러분이 친구나 가족 문제로 실망하거나, 걱정하거나, 기뻐하거나, 감사하거나, 고민하는 등의 경험을 한 번이라도 했다면 여러분은 충분히 사회적인 겁니다. 관심과 칭찬을 받으면 기쁘지만 기쁘지 않은 척하는 것 역시 사회적인 거예요. 이 책 또한 인간관계에 대해 많은 이야기를 하고 있는데요, 여기까지 읽었다면 그 또한 여러분이 사회적인 존재라는 걸 보여 주는 거겠죠.

감사를 전하는 마음

여전히 사회성이 걱정된다면, 친구들이나 가족들이 나를 별로 좋아하지 않을까 봐 걱정된다면 관계를 위해 가장 쉽게 실천해 볼 수 있는 것 중 하나가 '감사'입니다.

언젠가 친구에게 감사의 말을 전할 기회가 있었어요. 두 줄

가랑의 짧은 메모를 적는데 고마움과 사랑을 한껏 담고 싶었지만 어디서부터 어떻게 이야기해야 할지, 표현의 수위(?)는 어떻게 해야 할지 고민이 되었지요. 그러니까 '삶의 의미를 늘 고민하는 친구야, 네 삶에 대해 내가 어떻다 얘기하진 못하겠지만, 적어도 내 삶은 너의 존재로 인해 확실히 더 의미 있어졌어. 나한테는 너 자체가 큰 의미이고, 나한테 너는 있는 그대로 완벽한 존재야.'라는 마음을 표현하고 싶었는데요. 괜히 오버하는 거 아니냐고 오글거린다고 그러진 않을까, 말만 그렇지 그다지 진심은 아닐 거라고 생각하진 않을까 등등 작은 메모지를 놓고 짧은 시간 동안 고민했어요. 결국 "네가 있어서 참 좋다." 정도로 쓰고 말았지요.

짧은 인생에서 고맙다거나 사랑한다는 이야기는 마음껏 해도 모자랄 텐데 막상 하려고 하면 늘 망설이게 됩니다. 혼자 속마음으로 아무리 고맙다고 외쳐 본들 부모님이나 선생님이나 친구들에게 표현하지 않으면 절대 전해지지 않는데 말이죠.

감사는 인간 사회가 존재하는 데 없어서는 안 될 중요한 요소이기도 합니다. 감사는 기본적으로 좋은 일을 행한 사람에게 '나는 네 친절과 수고를 알고 있으며 나도 언젠가 네게 도움이 되고 싶다. 계속해서 아름다운 관계를 이어 가고 싶다.'는 정보

를 전달합니다. 그러니까 좋은 일을 행한 사람에게 그 일이 의미 있는 일이었고 보람찬 일이었음을 확인시켜 주고, 도움을 받은 사람의 의도 또한 순수한 것임을 알려 주는 것이지요. 고마움을 표시하지 않았을 때보다 고마움을 표현했을 때 당연히 관계가 더 좋아지겠죠?

하지만 안타깝게도 많은 사람들이 감사의 중요성을 과소평가한다고 해요. 특히 친한 친구나 가족같이 공기처럼 당연한 듯 존재해서 얼마나 소중한지 미처 깨닫지 못하는 사람들에게 감사를 전하는 건 뜬금없고 어색하고 오글거리는 일이라고 생각합니다.

아미트 쿠마르라는 심리학자는 한 연구에서 사람들에게 소중한 사람을 향해 감사의 편지를 쓰게 했습니다. 그러고 나서 그 편지를 받는 사람이 얼마나 놀라고 기뻐할지에 대해 물었어요. 이후 실제로 편지를 보냈고, 편지를 받은 사람에게 어떤 기분이 들었는지도 물었습니다. 그랬더니 많은 사람들이 편지를 쓴 사람이 예상했던 것보다 훨씬 더 놀라고 기뻐하는 편이었어요. 어색하다든가 오글거린다는 반응은 거의 나타나지 않았죠.[9]

아직 표현이 어색하다면, 친구에게 네가 있어서 학교 다니는 게 즐겁다거나, 넌 참 좋은 친구라고 칭찬해 보거나, 평소에 고맙다는 말을 한 번 정도 더 해 보면 어떨까요?

사람들은 내가 생각하는 것보다 날 좋아한다

이번 장에서 마지막으로 하고 싶은 말은 사람들은 여러분이 생각하는 것보다 여러분을 좋아한다는 겁니다. 걱정이 많은 사람들의 경우 친구들이 자기를 조금만 좋아할 거라고 생각하는 편인데요, 실제로 그 사람 친구들에게 물어보면 그보다 더 많이 좋아하는 경향을 보였다는 발견이 있었어요.

그렇다고 걱정이 많은 내가 싫다는 생각은 하지 말도록 해요. 다들 대놓고 말은 하지 않아도 인간이라면 누구나 다 나름의

부족함과 아픔을 가지고 살아갑니다. 제 친구들 중에도 겉으로는 항상 웃고 있지만 사실 걱정도 많고 속도 깊은 사람들이 있어요. 이처럼 많은 사람이 마음속에 비밀과 고민을 가지고 있답니다. 나 역시 인간이니까 때로 고민하기도 하는 건 아주 자연스러운 일이에요. 부족함이 많다는 건 곧 내가 제대로 된 인간이라는 뜻이니까요.

Part 3

뭐든지 잘할 수는 없어요

이상하게 들리겠지만 중학교 때 시험에서 90점을 받았다고 화가 난 적이 있었습니다. 적어도 90점 중반 이상, 될 수 있으면 100점을 받아야 한다고 생각했거든요. 채점된 시험지를 받아서 마구 구겨 버렸고, 옆에 있던 친구의 놀란 표정이 아직까지 생생하게 기억납니다.

90점도 결코 낮은 점수가 아닌데도 그랬던 건 아마도 당시 부모님의 기대 때문이었던 것 같아요. 초등학교에서 중학교에 올라가면서부터 이 세상은 오직 1등만 살아남을 수 있으며 2등은 벌써 한참 뒤처진 거라는 이야기를 귀에 못이 박히게 들었거든요.

오랫동안 1등을 향한 열망이 저의 열망이라고 생각했어요. '1등을 못 하면 어떡하지.' 하는 불안감 역시 저의 불안감인 줄 알았죠. 하지만 돌이켜 생각해 보면 그건 부모님의 열망이고 부모님의 불안감이었어요. 부모님의 높은 기준과 불안감이 어느새가 제 마음에 침투해 아직도 이것밖에 안 되냐고, 이렇게 물러 터져서 어떻게 살아가겠냐고 나를 때리고 있었던 거예요.

1등, 최고를 향한 집착은 사회 곳곳에서 나타나는 것 같습니

다. 2등은 아무도 기억해 주지 않는다는 식의 이야기를 어렵지 않게 들을 수 있죠. 공부도 운동도 음악도, 뭐든지 열심히 잘해야 하고, 예쁘고 잘생겨야 하고, 성격도 좋아야 하고, 사회성도 좋아야 하며, 좋은 딸/아들까지 되어야 하는 등 잘해야 하는 게 인간적으로 너무나 많습니다. 어쩌다가 하나에서 미끄러지기라도 하면 금세 모자란 사람이 되어 있죠. 이런 말도 안 되는 기준들은 어디서 나오는 걸까요?

완벽주의란 '1등이 아니면 안 돼.' '100점이 아니면 안 돼.' '하나라도 못하는 게 있어선 안 돼.' 같은 생각들처럼 한 점 부족함 없는 '완벽'을 추구하는 삶의 태도를 말합니다. 하늘에서 뚝 떨어지는 건 아니고요, 주로 비판적인 부모님이나 주변 사람들, 사회가 정답을 딱 정해 놓고 '여기에 맞추지 않으면 안 돼!'라고 압박하기 때문에 생겨나곤 합니다. 살면서 쏠 수 있는 화살은 열 개가 채 안 되는데 과녁을 100개(좋은 성적, 좋은 학교, 좋은 직장, 이상적인 배우자, 경제력 등등) 세워 놓고 전부 정중앙을 맞혀야 한다고, 단 하나라도 벗어나면 바로 탈락이라고 하는 셈이잖아요. 애초에 대부분의 사람이 탈락할 수밖에 없는 무자비한 게임이라는 것입니다. 그런 말도 안 되는 게임에서 떨어지는 건 여러분의 잘못이 아니라 게임의 잘못이에요.

이렇게 강박적으로 완벽을 추구하다 보면 실망과 좌절과 불행을 습관적으로 느끼게 됩니다. 인간으로 태어난 이상 불가능한 완벽이라는 걸 추구하다 보니 번번이 좌절할 수밖에 없거든요. 90점도 훌륭한 점수이고, 하나라도 중간 이상으로 하는 일이 있다면 그것만으로 대단한 거죠. 그런데 항상 '아직 100점을 받지 못했어!' '잘하는 게 아직도 그거밖에 없다고?' 같은 태도로 자신의 성취를 불만족스럽게 바라보면 뭘 어디서 얼마나 잘

하든지와 상관없이 항상 불행할 수밖에 없습니다. 아무리 잘해도 부족한 점은 나타나기 마련이잖아요.

예컨대 아무리 발표를 잘했어도 곰곰이 생각하면서 뭔가 부족한 점이 없었나 떠올려 보면, 아까 시선 처리가 이상했던 것 같다거나 표정이 별로였던 것 같다는 등 적어도 한두 가지씩은 결함을 발견하거나 없던 것도 상상해 낼 수 있거든요. 이렇게 완벽주의란 단점과 결함을 끌어모으는 레이더나 그물 같아서, 완벽을 추구하면 할수록 나의 완벽하지 않은 점만 잔뜩 부각되는 안타까운 현상이 나타납니다.

한편 지금 생각해 보면 과거에 완벽을 추구하던 저는 굉장히 오만했다는 생각이 듭니다. 마치 '완벽해야 할 내가 완벽하지 못하다니! 내게도 단점이 존재하다니! 내가 평범한 인간이라니!' 하고 호들갑 떠는 것 같아서요. 다른 사람들이 때때로 실수하고 실패한다면, 같은 인간인 저도 당연히 얼마든지 실수하고 실패할 수 있는 것이지요. 사람이 뭘 좀 잘 못하는 게 얼마나 놀라운 일이라고 호들갑을 떨었는지 모르겠어요. 마치 나는 인간이 아닌 우주인이나 사이보그쯤 되는 것처럼 착각했었나 봐요.

최근에도 회의에서 준비한 만큼 말을 제대로 하지 못했던 일

이 있었어요. “나는 왜 이 모양일까?” “난 정말 너무 멍청한 것 같아.” 같은 나쁜 소리를 잔뜩 하다가 문득 마음속으로 질문을 해 봤어요. ‘내가 뭘 좀 모르는 게, 내가 실수하는 게 그렇게 이상한가?’ 많은 사람이 그날따라 컨디션이 별로여서, 왠지 그날은 일이 잘 풀리지 않아서, 지나치게 긴장해서 같은 다양한 이유로 평소에 잘하던 것도 갑자기 못하곤 하잖아요.

만약 친구가 그런 모습을 보였더라면 ‘많이 피곤한가 보다.’ 하고 생각하고 내가 도와줄 수 있는 건 없는지 물었을 거예요. “넌 왜 그렇게 사람이 완벽하지 못하니! 뭐든지 항상 완벽하게 해내는 천재 정도는 되어야 할 거 아니야!”라고 호통을 치는 일은 없겠지요. 그런데 왜 나한테는 그런 말도 안 되는 요구를 하고 못되게 구는 걸까요?

가수 보아 씨가 인터뷰에서 이런 이야기를 한 적이 있어요. 예전에는 항상 더 잘해야 한다고, 아직도 이것밖에 안 되냐고 스스로 다그쳤다고 해요. 그러다가 어느 날 문득 나 또한 부족함 많은 한 사람의 인간일 뿐이라고 생각해 보니까 마음이 많이 편해졌다고 합니다. “내가 인간인 걸 까먹었었나 봐요.”라는 말이 참 인상적이었어요. 여러분도 혹시 자신이 인간인 걸 잊고 있는 건 아닌가요?

생각해 봅시다

1. 최근에 뭔가를 잘 못해서 마음이 상했던 일이 있었나요? 어떤 일이었나요?

2. 그때 나에게 어떤 이야기를 했나요?

3. 만약 소중한 사람이 비슷한 일을 겪었다면, 나는 그 사람을 어떻게 응원하고 도와줄 수 있을까요?

4. 나에게도 그런 응원을 해 줄 수 있을까요? 나에게 해 주고 싶은 말과 응원을 적어 봐요.

부모의 완벽주의

부모의 비판적인 태도가 자녀의 완벽주의를 키울 수 있다고 했는데요, 왜 그런지 살펴볼게요.[1] 먼저, 자녀에게 비판적인 부모들은 본인 스스로도 완벽주의자인 경우가 많다고 해요. 그리고 이들은 자녀에게도 착한 딸 또는 아들이라면 반드시 ○○해야 한다는 높은 기준을 가지고 있고, 이 기준을 유연성 없이 적용하는 편입니다. 자녀가 조금이라도 기준에서 어긋나면 가차 없이 비난을 던지죠. 완벽주의자답게 이들은 자기 자신에게도 높은 기준을 적용하고 자기 비난이 심한 편이기도 합니다.

또한 완벽주의적인 부모들은 자신의 욕구에 둔감한 편이기도 합니다. 가장 가까운 사람인 나 자신의 마음에도 솔직하지 못한 만큼 자녀의 욕구에도 둔감하고, 자녀의 생각과 감정에도 귀가 닫혀 있는 편입니다. 자기 자신에게든 타인에게든 너그러워지는 것에 거부감을 가지고서 당근 없이 채찍질만 하는 것이지요.

보통 완벽주의자들의 경우 목표가 지나치게 높기 때문에(완벽!) 살면서 쓸데없이 좌절하는 경험을 많이 쌓아 두는 편이라고 했죠. 따라서 완벽주의적인 양육자는 높은 기준을 성취하지 못했던 자신을 대신해 자녀가 대단한 성취를 해 주길 바라는 경향

을 보이기도 합니다. 그 과정에서 다시 자녀에게 좌절하는 일이 쌓이고, 너는 왜 이런 것도 못하냐며 화를 내곤 하는 것이지요.

이들은 자녀가 마음에 드는 행동을 할 때는 예뻐하고 그렇지 않을 때는 냉담하게 대하는 등의 '조건적 사랑'을 보이기도 합니다.[2] 결과적으로 자녀로 하여금 (부모가 나쁜 게 아니라) 자신이 나쁜 자식이라고 생각하게 만드는 편입니다. 또한 칭찬을 잘 하지 않아서 자녀로 하여금 부모의 인정을 갈구하게 만들기도 하죠.

이렇게 애정과 신뢰를 충분히 주지 않은 탓에 완벽주의적인 부모의 자녀들은 커서 그렇지 않은 부모의 자녀들보다 자기 자신을 미워하고, 애인같이 가까운 사람조차 잘 신뢰하지 못하는 경향을 보이기도 합니다.

저는 이러한 연구들을 접하면서 나를 향한 부모님의 비난과 화가 전부 내 문제가 아닐 수 있겠다는 생각을 할 수 있었습니다. 부모님도 부족함이 많은 인간이니까요. 어른들도 다 나름의 부족함과 걱정, 불안을 가지고 살아가며 '종로에서 뺨 맞고 한강에서 눈 흘긴다.'라는 속담처럼 때로는 자신의 문제를 애꿎은 자녀에게 화풀이하곤 하는 것이죠. 부모와의 관계에서 '너 때문에' '이게 다 널 위해서'라면서 주는 상처 때문에 힘들었던 적이 있

다면, 사실은 내가 문제인 게 아닐 수 있다는 이야기를 기억합시다. 부모 또한 부족함이 많은 인간이라는 사실도 기억하고요.

쉬운 삶이란 없다

안타깝게도 행복과 건강에 해로운 완벽주의가 세계적으로 점점 증가 추세라고 합니다. 영국 요크세인트존대학교 연구 팀은 약 2만 5000명에 달하는 데이터를 분석한 결과 1990년대 이래로 완벽주의가 계속 증가하고 있음을 확인했다고 해요.[3] 지금의 젊은 사람들이 예전의 젊은이들보다 완벽주의 경향이 더 심하다는 것이지요.

연구 팀은 그 이유로 먼저 경쟁이 점점 더 심해지고 있다는 점을 꼽았습니다. 예전에는 한글도 영어도 초등학교에 들어가서야 배우기 시작했지만 요즘은 유치원 때 다 끝낸다고들 하잖아요. 제가 지금 어린이로 태어났다면 여러분의 반도 못했을 거예요. 가끔 어른들이 넌 왜 그런 것도 못하냐고, 마치 당연히 잘해야 하는 쉬운 걸 못하는 것처럼 다그치곤 하는데요, 그 어른들도 다시 어린이가 되어 지금의 여러분이 하는 걸 해야 하면

아마 잘 못할 거예요. 안 해도 되니까, 자기 일 아니라고 쉽게 얘기하는 거겠죠.

공부가 가장 쉬웠다고, 공부만 하면 되는데 그게 뭐 그렇게 어렵냐고 말하는 어른들도 마찬가지예요. 힘든 상황이 지나가기 전에는 분명 죽을 것처럼 힘들었는데, 지나고 나니까 끝났다는 안도감과 행복감만 남고 이전의 절박함은 기억나지 않아서 마치 절박했던 시간이 없었던 것처럼 얘기하는 거죠. 왜 "화장실 가기 전과 후가 다르다."라는 말도 있잖아요. 참고로 저희 집에는 나이 60이 넘어 대학에 간 어른이 계신데 그분이 "공부가 가장 힘들어."라고 고백하신 이후로 애들한테 공부같이 쉬운 걸 왜 못하냐고 잔소리하는 일이 줄어들었답니다.

완벽주의가 증가하는 또 다른 이유는 SNS 때문입니다. 페이스북, 인스타그램 등 SNS에 전시되는 다른 사람들의 인생을 보면 항상 맛있는 걸 먹고, 좋은 공연을 보러 가고, 친구들과 행복한 시간을 보내고 있는 것처럼 보여요. '다들 나보다는 행복하게 잘 살고 있는 것 같아.' 하고 부러워한 적이 있나요? 하지만 표지만 보고 책의 내용이 어떠한지 알 수 없듯이, 인터넷에 올라오는 사진 몇 장만 가지고는 그 사람의 인생이 어떠한지 제대로 알 수 없을 겁니다.

카너먼은 다음과 같은 실험을 했어요. 실험에 참가한 사람들에게 누군가에 대해 단편적인 정보를 줍니다. 예를 들어 서른 살의 회사원인데 솔로라든가, 비슷하게 평범한 사람인데 소득이 적다는 등의 정보를 주고 이 사람이 얼마나 행복할 것 같은지 묻는 거예요. 그러자 사람들은 실제 그러한 조건에 있는 사람들이 느끼는 행복도보다 그 사람의 행복도를 '과소평가'하는 경향을 보였습니다.[4]

자기 계발을 활발하게 하고 좋은 영화와 책을 항상 가까이하는 등 문화생활도 활발하게 해서 얼마든지 행복한 삶을 살고 있을 수 있지만, '솔로'라는 정보에 한번 꽂히고 나면 왠지 우울하고 어둡고 '찌질'한 사람일 것 같다는 편견을 갖게 되는 것입니다. 소득 문제 또한 본인은 소득이 적더라도 집안은 부유한 편이라든가, 좋은 친구들이 많아서 외로울 틈이 없고, 박학다식해서 늘 배우고 성장하는 만족스러운 삶을 살고 있을 수 있죠. 하지만 역시 '소득이 적다'라는 한 가지 정보에 지나치게 많은 주의를 기울인 나머지 얼마든지 존재할 수 있는 삶의 다른 부분들을 놓치게 되는 겁니다.

그렇게 아주 단편적인 한 가지 정보만 가지고 그 사람의 삶이 어떠할 것 같다고 쉽게 판단하고 잘못된 평가를 내리게 되

는 것이지요. 내가 어떤 사람이나 현상을 바라보는 초점과 각도에 따라 완전히 다른 평가를 내려 버린다고 해서 '초점 착각'이라고 불리는 현상입니다.

나의 삶에도 행복한 순간이 있고 또 슬프고 힘든 순간이 존재합니다. 나라는 사람은 장점도 많지만 단점 또한 많죠. 유독 힘이 드는 날에 어떤 사람이 나를 잠깐 보고서 내가 참 불쌍한 인생을 살고 있다고 단정 짓는다면 좀 억울하겠죠? 반대로, 잠깐 좋은 일이 있어서 기뻐하는데 누군가 그런 나를 보고 걱정 하나 없이 편하게 살아서 좋겠다고 해 버린다면 그 또한 억울할 거예요.

내 삶이 복잡하고 뭐 하나로 어떻다고 평가하기 어렵듯이 다른 사람들의 삶 또한 마찬가지입니다. 내가 모두에게 동일한 정도로 나를 전부 다 보여 주고 있지 않듯, 다른 사람들도 자신의 삶을 있는 그대로 모두에게 내보이고 있는 것이 아닙니다. 내가 어떤 하나로 단정 지을 수 없는 복잡한 존재이듯 타인 또한 그렇다는 것이죠. 겉으로 보여지는 사진 몇 장 가지고 누군가를 불쌍하게 여긴다거나 반대로 부러워하는 것 모두 그다지 근거 없는 반응일 수 있다는 것입니다. "누군가의 삶을 부러워하는 건 그 삶에 대해 잘 알지 못하기 때문"이라는 말도 있잖아요.

쉬워 '보이는' 삶은 있어도 정말로 쉬운 삶이란 없는 것이죠.

저는 어렸을 때 부모님이 이혼하셨거든요. 사이좋게 헤어진 것도 아니고 법원을 들락날락하는 지저분한 싸움이었어요. 한창 힘들었는데 친구들에게 내색하기는 좀 그렇더라고요. 저도 그랬지만 다들 어려서 이런 문제를 상의할 만한 친구가 딱히 없었거든요. 그래서 그냥 아무 일 없는 척, 별다른 걱정 없는 척 여느 때처럼 밝은 얼굴을 하고 있었는데 어느 날 친구가 저한테 그러는 거예요. "너는 걱정도 없이 늘 밝아서 좋겠다."라고요. 그때 이후로 보이는 걸로만 다른 사람의 삶을 쉽게 판단하지 말아야겠다고 결심했습니다. 내가 그랬듯 내 앞에서 웃고 있는 친구도 사실은 가정에서 불화가 심하다든가 집안 경제 사정이 어렵다거나 친구들과의 사이에서 어려움을 겪는 등 티를 내지 않을 뿐이지 다양한 어려움을 겪고 있을 수 있잖아요.

또 뜻밖의 경험으로 쉬운 삶이란 정말이지 존재하지 않음을 깨달은 적이 있어요. 한창 공부가 잘 안 되고 삶이 힘들다고 느껴졌을 때 귀여운 거라도 보며 심신을 정화하겠다는 가벼운 기분으로 〈펭귄의 삶〉(A Penguin's Life)이라는 다큐멘터리를 보기 시작했어요. 하지만 다큐멘터리에서 드러난 펭귄의 삶은 결코 가볍지 않았어요. 펭귄 암컷은 알을 낳고서 바로 여러 날에 걸

쳐 먹이를 구하는 여정을 떠납니다. 어미가 떠나 있는 동안 아비가 알을 품는데 한 치도 움직이지 않고 가만히 서서 찬 바람과 맞서 싸우며 알을 지키죠. 발등 위에서 알을 놓치기라도 하는 날엔 차디찬 얼음 바닥과 극한의 기온에 알이 바로 얼어서 새끼가 죽어 버리기 때문에 한 치도 움직일 수가 없습니다.

그렇게 몇 주를 굶어 가며 알을 품고 서 있는데, 어미가 때맞춰 돌아오면 다행이지만 먹이를 구하는 사이 어미가 다른 포식자에게 먹혀 버리거나 오고 가는 험난한 길에 사고라도 당해서 돌아오지 못하면 이 알과 수컷 모두의 생명이 위태로워집니다. 생각지도 못한 고난을 보고 이미 너덜너덜했던 '멘탈'이 완전히 산산조각 나는 느낌이었어요. 펭귄이 그렇게 귀여운 얼굴을 하고 이토록 험난한 삶을 살고 있었다니, 정말 그 어떤 생도 쉽지 않다는 걸 깨달았지요.

평범한 게 가장 어려워

사람들이 말하는 '평범한 삶'이란 공부도, 운동도, 인간관계도 다 그럭저럭 어느 정도 잘하는 삶을 뜻하잖아요. 평범해야 하는

분야가 많을수록 그럭저럭 잘해야 하는 분야가 점점 더 많아지는 거죠. 한두 개, 세 개 정도를 그럭저럭 잘하는 거야 할 수도 있을 것 같은데 그게 다섯 개, 열 개, 오십 개로 늘어나면 주사위를 50번 던져서 모두 6만 나오게 만드는 것처럼 점점 확률적으로 불가능한 일이 된다는 거예요.

또 보통 그럭저럭 잘한다는 건 적어도 평균 이상은 되어야 하는 경우가 많은데요, 모든 사람이 평균 이상이 되는 건 애초에 불가능해요. 평균 이상이라는 건 상위 50퍼센트 안에 든다는 얘기인데 그렇다는 건 자동으로 50퍼센트의 사람들은 평균 이하라는 거잖아요. 모두가 상위 50퍼센트에 든다는 건 말이 안 됩니다.

또 모두가 10 정도 하면 10보다 더 많이 해야 평균 이상이 될 테고, 이제 모두가 12 정도를 하게 되었다면 거기서 다시 12 이상을 해야 평균 이상이 되잖아요. 평균이라는 걸 쉬운 것처럼 이야기하지만 이는 어디까지나 상대적인 거라 모두가 아무리 노력해도 반 정도의 사람들은 항상 평균 이하가 될 수밖에 없다는 거예요. 뭐 하나만 평균 정도 하는 것도 결코 쉽지 않다는 거죠. 이렇게 하나만 잘하기도 어려운데 한두 개도 아니고 수십 가지를 모두 평균 이상으로 잘한다는 건 불가능에 가까울

거예요.

이렇게 뭐든지 잘하는 완벽을 성취하는 것은 애초에 불가능하기 때문에 완벽주의적인 사람들은 그렇지 않은 사람들보다 실패가 많고 좌절이 많은 삶을 살아가게 된다고 했죠. 그러다 보니 완벽주의적인 사람들은 나이가 들면서 점점 그렇지 않은 사람들보다 성격 특성 중 신경증(부정적 정서성, 과한 걱정 및 불안과 관련된 특성)이 높아지고 성실성(체계성, 책임감, 의지력 등과 관련을 보이는 특성)은 낮아지는 경향을 보이기도 합니다.[5] 애초에 해도 안 되는 게임만 계속하다 보면 자신감은 작아지고 좌절만 하다가 결국 포기하게 된다는 것입니다.

또한 완벽주의적인 사람들의 경우 작은 일에도 지나치게 완벽을 추구하며 쓸데없이 많이 애쓰기 때문에, 예컨대 대충 하면 되는 숙제를 며칠씩 붙잡고 있다가 다른 숙제를 못 하는 것처럼 일을 제대로 마무리하지 못하는 현상도 나타납니다. 그러다 보니 의외로 완벽주의적인 사람들이 그렇지 않은 사람들보다 일을 미루거나 제시간에 끝마치지 못하는 현상을 보이기도 합니다. 게을러서 일을 미루다가 정해진 마감을 못 맞추기도 하지만, 완벽하려고 지나치게 애쓰다 보니 마감을 놓칠 수도 있다는 것이죠.

중학생 때 그림 그리기 숙제가 있었는데 그럭저럭 만족하고 잘 완성했으면 될 것을 하루 종일 밤늦도록 다시 그리고 다시 덧칠하고 하다가 결국 처음보다 못한 그림을 제출했던 기억이 있어요. 그 와중에 색칠을 도와 달라고 한 친구가 있었는데 친구 그림은 미련 없이 한 번에 쓱쓱 칠해 줬거든요. 똑같이 나의 솜씨가 들어갔지만 밤새 매달린 나의 그림보다 큰 부담감 없이 편하게 작업한 친구의 그림이 더 좋은 점수를 받았답니다. 덕분에 '적당히' 애쓰는 것의 중요성을 알게 되었지요.

완벽이라는 불가능한 목표 때문에 불필요한 좌절과 에너지 소모만 늘어나고, 그렇다고 결과가 딱히 좋지도 않은 최악의 상황이 발생할 수 있다는 것, 기억해 두면 좋겠어요.

포기할 용기

뭐든 잘하려고 애쓰는 건 가능하지도 않을뿐더러 현명하지 않은 선택일 수 있습니다. 모든 걸 다 잘하려고 하다가 정작 뭐 하나 제대로 할 줄 아는 게 없는 애매한 사람이 될 수도 있으니까요. 우리가 들일 수 있는 시간과 노력의 양은 한정되어 있죠.

우리가 가진 시간과 노력이 100이라고 했을 때, 잘하고 싶은 것 하나에 80을 쏟아붓는 것과 열 가지에 8씩 쏟아붓는 것을 비교해 보면 하나에 80을 쏟는 게 더 현명할 수 있다는 거예요. 선택과 집중이 중요하다고들 이야기하잖아요.

하지만 여전히 우리는 '주변에서 다들 뭐든지 열심히 잘해야 한다고 해서, 부모님이 원해서, 안 돼도 되게 하라고 해서, 자존심 상해서, 그러지 않으면 주변 사람들이 한심하게 볼까 봐' 등등 다양한 이유로 너무 많은 것에 신경을 쓰고 있어요. 사이즈가 전혀 맞지 않는 옷처럼 나와 잘 맞지 않는 일이나 인간관계라면 빨리 벗어 버리고 나와 잘 맞는 것들을 찾아 나서는 게 더 현명할 거예요. 하지만 그러지 못하고 여전히 끙끙거리면서 버틸 때가 있죠.

만약 친구가 안 맞는 일을 하면서 힘들어하고 있다면 이제 충분히 해 봤으니까 그거 말고 네가 정말 좋아하고 잘할 수 있는 일을 하라고 이야기해 줄 텐데, 자신한테는 이런 이야기를 하기가 참 어려워요. '포기'하는 건 무조건 좋지 않고 죽을힘을 써서 버텨야 한다는 고정관념이 있기 때문이기도 합니다. 하지만 정말 나를 위한 선택을 한다면, 일찌감치 버렸어야 하는 일들이 분명히 있지 않나요?

앞서 자신에게 혹독하고 모진 사람이 있는 반면 소중한 친구를 대하듯 자신에게도 따뜻할 줄 아는 사람이 있다고 이야기했어요. 이렇게 스스로에게 너그러울 줄 알고 자기 의사를 존중하는 사람들은 그렇지 않은 사람들보다 자신을 위해서라면 누가 뭐라 하든 용감하게 포기할 줄 아는 편입니다.

브리티시컬럼비아대학교의 심리학자 애덤 디 폴라 등의 연구자들은 다음과 같은 실험을 했어요.[6] 참가자들에게 빈칸을 채워 낱말을 완성하는 '추론' 과제를 주었습니다. 매우 어려운 단어들을 줘서 대부분의 사람이 문제 해결에 어려움을 겪게 만들었어요. 문제를 하나 풀 때마다 정답 또는 오답이라는 피드백을 줬고, 한 세트가 끝나고 난 뒤에 전체 성적을 보여 줬습니다. 참가자 모두에게 하위 30퍼센트에 해당하는 실력이라는 '실패' 피드백을 주었습니다.

여기서 조건을 다르게 하여 한 그룹의 사람들에게는 과제를 한 세트만 줬고(한 번의 실패), 다른 그룹의 사람들에게는 여러 번 반복해서 과제를 하도록 해서 하위권이라는 피드백을 여러 번 주었어요(여러 번 실패). 그러고 나서 사람들에게 똑같은 과제를 다시 시도해 보겠냐고, 아니면 아예 다른 '창의성' 테스트 같은 걸 해 보겠냐고 물었습니다. 즉 이미 실패한 과제를 계속 반

복해서 할 것인지, 아니면 새로운 것에 도전할 것인지 선택지를 준 거예요. 안 되는 걸 계속해 보겠다고 하는 사람들과 그것 말고 새로운 걸 해 보겠다고 하는 사람들이 나뉘겠죠.

그 결과, 자존감이 건강한 사람들의 경우 이미 여러 번 망한 추론 과제는 버리고 창의성 테스트에 도전해 보겠다고 한 반면, 그렇지 않은 사람들은 여러 번 망한 과제에 계속 매달리는 경향을 보였습니다. 한 번만 실패한 경우에서는 반대의 경향이 나타났습니다. 추론을 한 번만 망한 조건에서는 자존감이 건강한 사람들이 추론을 다시 한번 해 보겠다고 재도전한 반면, 자존감이 건강하지 않은 사람들은 재도전하지 않겠다고 기권하는 모습을 보였습니다.

자신을 존중할 줄 알고 자신감이 있는 사람은 한 번 해서 안 됐을 때 삼세판 정도는 해 보지만, 그래도 안 되면 재빨리 "그만!"을 외치고 잘할 수 있는 다른 무엇을 찾아 떠나는 모습을 보였다는 것입니다. 그런 반면 자신에 대한 확신이 없는 사람들은 한 번 해서 안 되면 바로 그만두거나, 아니면 계속해도 안 되는 무엇에 매달리는 모습을 보였다는 것이죠.

왜 이러한 현상이 나타날까요? 연구자들은 한 가지 원인으로 목표를 추구하는 이유가 다르다는 것을 꼽았습니다. 자아가

건강한 사람들은 잘하고 싶은 게 있을 때 '잘하는 것'을 목표로 삼아 여러 가지 가능성을 탐색하며 나아갑니다. 노래도 해 보고, 운동도 해 보고, 수학도 해 보고, 영어도 해 보는 등등 여러 가지를 시도하면서 자신이 좋아하고 잘하는 걸 발견하는 게 목표인 것입니다.

하지만 자신에게 엄격하고 스스로의 의사를 잘 존중하지 않는 사람들은 목표 달성 자체보다 '실패하지 않는 것', 즉 못하는 것을 막는 데 더 많은 초점을 두는 편입니다. 잘하고 싶다기보다 '못하기 싫다'는 게 주된 마음가짐이라는 것입니다. 잘하는 걸 발견할 때의 기쁨보다 못하는 걸 막지 못했을 때의 괴로움이 더 큰 편이기도 합니다. 성장하고 발전하는 것이 목표가 아니라 약점을 막는 것이 더 주된 목표가 된다는 것이죠.

이런 경우 계속 실패할수록 어떻게든 못하는 것을 '못하지는 않지만 그렇다고 잘하지도 않는 애매한 것'으로 만드는 데 많은 시간을 쓰게 됩니다. 그럴 시간에 내가 잘할 수 있는 새로운 무언가를 발굴하는 것이 더 현명할 수 있는데 말이에요. 그 결과, 못하는 건 많지 않지만 잘하는 것도 별로 없는 '뜨뜻미지근한' 상태가 되곤 합니다.

완벽주의적인 것도 한몫하지만 내가 진짜로 원하는 게 뭔지

몰라서 못하는 것에 계속 매달리는 경우도 있어요. 사람들에게 별 의미도, 재미도 없는 일을 시킵니다. 예컨대 문장에서 'ㄱ'을 찾아서 그 개수를 세거나 같은 글자를 500번 반복해서 쓰는 일을 시키는 거죠. 실컷 시키고 난 다음에 지금 한 과제가 얼마나 의미 있고 즐거웠냐고 물어보면 행복한 사람들은 별로 의미 없었다고 이야기하는 경우가 많습니다. 그런 반면 행복하지 않은 사람들은 잘 모르겠다고 응답한다고 해요. 즉 자신의 삶이 즐겁고 의미 있다고 생각하는 사람들은 어떤 것이 자신을 위한 일이고 어떤 것이 자신을 위한 일이 아닌지, 어떤 것이 의미 있는 일이고 어떤 것이 의미 없는 일인지를 잘 구분하는 경향을 보였지만, 삶이 공허하다고 느끼는 사람들은 이를 잘 구분하지 못했다는 것입니다.

그도 그럴 것이 친구를 위한 선물을 하나 사려고 해도 이 친구가 어떤 사람인지, 어떤 성격이고 취미가 뭐고 어떤 취향인지를 알아야 알맞고 의미 있는 선물을 살 수 있겠죠? 하지만 친구에 대해 아는 게 아무것도 없다면, 좋은 선물을 사기는 어려울 것입니다. 나를 위해 의미 있는 일을 고르는 것도 마찬가지예요. 어떤 걸 좋아하고 어떤 걸 싫어하는지 나에 대해 아는 게 있어야 나를 위해 좋은 선택을 내릴 수 있겠죠. 하지만 나에 대

해 아는 게 하나도 없다면, 무엇을 열심히 해야 하고 무엇을 포기해야 이로울지 알 수 없을 겁니다. 이런 경우 그저 주변에서 부모님이나 친구들이 하라고 하는 걸 열심히 하고, 안 되더라도 미련하게 버텨 볼 수밖에 없겠죠. 대안이 보이지 않을 테니까요. 따라서 내가 어떤 사람인지 알아 두는 것도 무엇에 집중할지 선택하는 데 큰 도움이 됩니다.

생각해 봅시다

1. 공부, 인간관계 등 잘하고 싶은 게 있다면 무엇인가요? 잘하고 싶은 이유는 무엇인가요?

2. 못하면 안 되는, 못하지 않았으면 하는 게 있다면 어떤 것들인가요? 그렇게 느끼는 이유는 무엇인가요?

3. 너무 많이 애썼고, 그래서 지쳤다는 생각이 드는 일이 있나요?

4. 모든 걸 다 잘할 수 없다고 할 때, 지금 나에게 가장 중요한 목표는 무엇인가요? 그만 애써도 되는 일들에는 무엇이 있을까요?

뭐든지 열심히 하는 사람이 되라고들 합니다. 하지만 앞서 말했듯 한정된 에너지로 한정된 시간을 살아가는 인간에게 그런 요구는 애초에 비현실적이에요. 나아가 이러한 요구들은 사실 중요치 않은 자잘한 것들에 너무 많은 에너지를 쏟게 만드는 반면 정작 내가 잘할 수 있는 무엇에 투자하는 에너지는 상대적으로 줄어들게 만들곤 합니다. '만능'에 대한 집착을 조금 덜어 내야 선택과 집중이 가능하지 않을까요? 많은 친구들이 목표에 대해서는 엄청 많이 생각하지만 포기하고 싶은 것에 대해서는 별로 생각하지 않는 편인데요, 이번 기회에 내려놓고 싶은 것들에 대해 생각해 보는 것도 좋을 거예요.

못하는 게 있으면 안 된다고 강박적으로 애쓰는 것도 문제지만 너무 무리해서 잘 해내려는 것 또한 문제가 됩니다. 무엇을 하든 어디까지나 '나를 위해서', 내가 행복하고 건강한 삶을 살기 위해서 하는 것이므로 내 몸과 마음을 갈아 넣어 가면서까지 열심히 하는 건 위험할 수 있다는 거예요. 잘할수록 불행해지고 몸이 망가진다면 굳이 잘할 이유가 있을까 하는 것이지요. 예컨대 잠을 안 자고 피곤한 상태로 계속 일을 하거나 스트레스가 너무 심한데도 모르는 척 쉬는 시간을 가지지 않는 등 무리하는 행동들은 단기적으로는 성과를 높여 줄지 몰라도 장기적으로는 삶을 망가뜨리기 때문입니다.

일에 열정을 가지면 좋을 것 같지만 지나친 열정은 해로울 수 있다는 발견이 있었어요. 학자들에 따르면 열정에는 크게 두 가지 종류가 있습니다. 하나는 조화로운 열정으로, 순수하게 즐거워서 어떤 일에 몸과 마음을 바치는 것을 말해요. 다른 하나는 강박적 열정인데요, 처음에는 즐거워서 시작했을지 모르겠지만 어느 순간 잘해야만 한다거나 인정받아야만 한다는 강박에 사로잡히며 점점 열정에 '먹혀 버리는' 것입니다.

어렸을 때부터 농구를 좋아했지만 농구 선수가 되고서부터는 잘해야 한다는 생각에 사로잡혀 더 이상 농구가 즐겁게 느껴지지 않았다는 선수들의 고백이나, 본래 수학을 좋아했지만 시험에서 단 한 문제도 틀리지 않아야 한다는 강박을 갖고서부터 수학이 괴로워지기 시작했다는 이야기 등 조화로운 열정이 강박적 열정으로 변한 사례는 주변에서도 어렵지 않게 찾아볼 수 있죠.

강박적인 열정을 갖게 되면 적어도 일을 더 열심히 하게 될 테니까 얼핏 긍정적인 측면이 있을 것 같기도 해요. 그러면 좋겠지만, 퀘벡대학교 몬트리올캠퍼스의 심리학자 로버트 밸러랜드 등의 연구에 따르면 그렇지 않을 가능성이 크다고 합니다.[7]

연구자들은 축구 선수들을 관찰했어요. 각 선수들이 조화로운 열정과 강박적 열정을 얼마나 가지고 있는지, 평소 기쁨과 즐거움 등의 긍정적 정서를 얼마나 느끼는지, 또 슬픔, 화, 두려움 같은 부정적 정서를 얼마나 느끼는지를 살펴보았습니다.

그랬더니 어디까지나 자신이 즐거워서 축구를 하는 선수들은 축구를 오래 할수록 행복해진 것으로 나타났어요. 반대로, 어느 순간부터 좋은 것 이상으로 잘해야 한다는 부담감이 커진 선수들은 축구를 계속할수록 행복해지기는커녕 불행해지는 현상을 보였습니다. 아마 선수들 모두 처음에는 공을 차는 게 즐겁고,

친구들과 함께 경기를 하는 것이 즐겁다는 마음으로 축구를 시작했을 거예요. 하지만 좋아하는 것이 '잘해야 하는 무엇'이 되는 순간, 더 이상 이전과 같은 행복감을 느끼지 못하게 된다는 것이죠. 분명 좋아했는데 어느새부턴가 좋지 않고 괴롭기만 한 일들이 많이 생기는 이유예요.

연구자들은 자전거를 타는 사이클리스트들도 관찰했는데요, 역시 비슷한 현상이 나타났어요. 이들의 경우 잘하려고 애쓰는 마음이 너무 앞설수록 부상을 당할 가능성이 높아지기도 했어요. 잘하는 것이 무엇보다 중요하기 때문에 안전을 무시하고 무리하게 연습하는 모습을 보였거든요. 운동선수들에게 부상은 아주 큰 문제잖아요. 한 번 무리했을 뿐인데 크게 다쳐서 몇 년간 운동을 하지 못하거나, 회복하고 나서도 이전만큼의 기량을 찾지 못할 수 있으니까요. 잘하는 것이 너무 압도적으로 중요한 목표가 되어 버리면 몸 상태를 잘 관리하는 '장기적'인 목표를 소홀히 하고, 지금 이기는 게 중요하다며 몸을 갈아 넣게 된다는 거예요.

뭐든지 잘해야 한다고 생각하는 압박에 시달리다 보면 취미생활도 '일'처럼 하기 마련입니다. 게임도 천천히 내 스타일대로 즐기면서 해도 될 텐데 무조건 최단 시간 안에 레벨을 올려

WE CAN
WE CAN

야 한다는 강박에 시달리는 경우가 있잖아요. 그러다 보면 어느 새 게임이 취미라기보다 또 다른 스트레스거리가 되고 말죠. 이런 상황이 된다면 뭘 해도 즐겁지 않을 거예요. 이렇게 '이겨야 한다, 잘해야 한다'는 압박은 우리를 불행하게 만듭니다.

만약 좋아해서 선택했던 일이 어느 순간 하나도 즐겁지 않은 부담덩어리가 되었다면, 혹시 내 안에 잘해야 한다는 강박이 지나치게 컸던 것은 아닌지 돌아 보는 것도 좋겠어요. 그리고 순수했던 열정이 강박으로 변한 이유에 대해서도 생각해 보는 게 좋겠죠.

스스로에 대한 기준이 지나치게 높거나 또는 타인의 인정을 원하기 때문이라면, 애쓰는 것을 잠시 멈춰 봅시다. 과연 이것들이 자신을 갈아 넣을 만큼 가치 있는 목표인지, 또 한때 사랑했던 일에 대한 애착을 잃을 만큼 중요한 목표인지 생각해 봐요.

이렇게 노력 부족보다 지나치게 애쓰는 것이 문제인 경우도 많습니다. 잘하게 되는 것도 좋지만 내가 다 타서 재가 된다면 무슨 소용이 있을까요? 중요한 일인 만큼 앞뒤 안 보고 모든 걸 바치고 싶다는 생각이 들겠지만, 실은 그만큼 여유를 가지고 천천히 '나를 돌보며' 하는 게 중요할 것입니다.

Part 4

나를 돌보며 나아가는 법

내가 원하는 걸 해요

많은 사람들이 새해에 수많은 다짐을 합니다. 하지만 그 다짐을 지키는 사람과 그렇지 못하는 사람이 있죠. 의지력 또는 자기통제력의 문제라고들 하는데요, 의지력을 발휘하는 사람과 그렇지 않은 사람의 차이는 무엇일까요?

네덜란드 틸뷔르흐대학교의 올가 스타브로바 연구 팀은 자기통제를 잘하는 사람과 그렇지 않은 사람이 설정하는 목표의 성격이 조금 다르다는 사실을 발견했어요. 자기통제력이 낮은 사람들이 목표를 설정한 이유는 '다른 사람들에게 좋게 보이기 위해서' '하기 싫지만 해야 하니까'같이 본인이 진짜 원하는 것과는 크게 상관이 없었던 거예요. 반면, 자기통제력이 높은 사람들은 '힘들더라도 어쨌든 내가 하고 싶고 내가 원해서' '이 목표를 달성하는 것이 자아실현에 도움이 되고 나라는 사람을 잘 나타내기 때문에'와 같이 '나'라는 사람의 성장에 도움이 되니까 목표를 달성하고 싶다고 응답한 것으로 나타났어요.[1]

'운동하기'같이 비슷한 목표를 설정해도 자기통제력이 낮은 사람은 '하기 싫지만 어쩔 수 없이 해야 해.'라고 생각하는 반면 자기통제력이 높은 사람들은 '힘들겠지만 그래도 나에게 도움

이 될 거야. 결국 내가 원해서 하는 거야.'라고 생각한다는 거예요. 이렇게 '자신이 원해서' 하는지 아닌지가 실제 목표 달성과 관련을 보였어요.

'원해서 하는 게 뭐가 그렇게 중요한가?' 하고 생각할 수도 있어요. 그런데 '내가 정말 원해서' 하는지 아닌지, 아니면 적어도 그렇게 생각하는지 아닌지의 차이는 생각보다 큽니다. 진지하게 공부를 하려다가도 누군가가 "공부 좀 해!"라고 하면 급 때려치우고 싶어지잖아요.

날마다 집 옆에서 시끄럽게 공을 차던 아이들에게 어느 날 "500원을 줄 테니 공을 차렴."이라고 했더니 겨우 500원 받으려고 공을 차다니 미쳤냐며 공차기를 관두었다는 이야기가 있죠. 이렇게 뭐든 내가 원해서라면 기꺼이 하게 되지만, 갑자기 그게 '500원 때문'같이 더 이상 나를 위해서가 아닌 일이 되면 지겨운 노동이 되어 버립니다. 같은 일을 해도 내가 정말 원해서 하는 경우 비교적 덜 지치기도 하고요.[2] 보고 싶은 드라마는 하루 열 시간도 지치지 않고 볼 수 있는 것처럼요.

연구자들은 일반적으로 자기통제력이 낮은 사람들은 다소 주관이 없달까 딱히 좋아하거나 추구하는 게 없고, 주변에서 하라는 대로 귀가 팔랑거리는 경향이 있다고 이야기하기도 했어요.

반면 자기통제를 잘하는 사람은 인생이 어느 정도 내가 이끄는 방향으로 가고 있고 자신이 삶의 핸들을 잡고 있다는 느낌을 받는 편이라고 합니다.

생각해 봅시다

목표 리스트를 작성하고, 각 목표를 설정한 이유에 대해 생각해 봐요. 각 목표가 정말 나를 위한 것인지 그렇지 않은지 정리해 보고, 좀 더 마음이 가는 목표에 집중하는 것도 좋을 거예요.

나의 목표

목표 1: ....

....

목표를 설정한 이유: ....

....

목표 2: ....

....

목표를 설정한 이유: ....

목표 3:

목표를 설정한 이유:

목표 4:

목표를 설정한 이유:

물론 내가 원해서 시작했다고 해도, 목표 달성의 과정에는 지루하고 의미를 찾기 어려운 순간들이 분명 찾아오죠. 의욕이 꺾이고 당장이라도 때려치우고 싶은 위기가 닥쳤을 때 이에 굴하지 않고 나아가는 비결에는 뭐가 있을까요? 흔히 사용되는 방법에는 다음과 같은 것들이 있습니다.[3]

1. 상황 바꾸기: 목표 달성에 유리한 환경을 조성한다.

A. 활동 조절하기

예) 지루한 수업을 들을 때 공책에 열심히 적어 본다. 러닝머신을 달릴 때 속도를 좀 늦추어 본다.

B. 환경 바꾸기

예) 집중하기 쉬운 장소에서 공부를 한다. 헬스장이 아닌 상쾌한 공원에서 달려 본다.

C. 방해 요소 줄이기

예) 휴대전화를 손이 닿지 않는 곳에 둔다. 다이어트 중이라면 음식을 가까이에 두지 않는다.

D. 도움 요청하기

예) 친구에게 어려움을 토로하거나 응원을 부탁한다.

E. 즐거운 요소 추가하기

예) 음악을 들으면서 달린다. 초콜릿을 먹으며 공부한다.

2. 주의 조절하기: 지금 하고 있는 일과 그 과정에 온전히 주의를 쏟거나, 반대로 딴생각을 함으로써 지루함을 떨쳐 본다.

예) 운동하는 중에 이따가 무엇을 먹을지 생각해 본다.

3. 생각 조절하기

A. 열심히 한 나에게 보상하기

예) 운동 끝내고 맛있는 걸 먹으러 가야지!

B. 하지 않았을 때의 나쁜 결과를 떠올리고 마음 다잡기

C. 결과가 좋을 때의 기쁨을 상상해 보기

D. 하위 목표들 설정하기

예) 스쿼트 100개를 하기 위해 20개씩 나눠서 다섯 세트 하기

E. 목표가 얼마나 가까워졌는지 진행 속도 살펴보기

F. 목표 달성까지 세세한 계획을 짜 보기

G. 당장은 지루하고 의미 없어 보이는 일일지라도 나중에는 다르게 느껴질 수 있다고 긍정적인 의미 부여하기

H. 얼마 안 남았다고, 조금만 더 하면 끝날 거라고 생각하기

4. **반응 조절하기: 때려치우고 싶은 마음이나 지루함을 눌러 보기**

5. **정서 조절하기: 즐거운 일을 떠올리는 등 기분 환기하기**

저는 환경 바꾸기, 즐거운 요소 추가하기, 나에게 보상하기, 목표 세분화하기, 얼마 안 남았다고 생각하기 등을 가장 많이 사용하는 것 같습니다. 집보다 카페 등 낯선 공간에서 일이 더 잘될 때도 있습니다. 또한 지루한 일을 하는 중간중간 귀여운 동물 사진을 보거나 좋아하는 음악을 들으며 즐거운 요소를 추가하려고 노력하기도 해요.

결과야 어떻든 애쓴 나에게 주는 보상으로 일이 하나 끝나면

팝콘을 먹으며 영화나 드라마를 한 편 본다든지, 아이스크림을 먹겠다고 다짐하기도 합니다. 또 1킬로미터를 달리는 게 목표일 때, 집에서 무슨 무슨 상점까지, 가로등 몇 개까지 가자는 식으로 목표를 나눠서 작은 목표를 여럿 달성하며 성취감을 느끼기도 하지요. 좀 지루한 책이나 긴 논문을 읽을 때에는 앞으로 몇 페이지 남았다고 남은 수를 카운트다운하는 것 또한 제게는 동기부여가 됩니다. 너무 귀찮고 손가락 까딱하기 싫어서 자꾸 널브러질 때에는 "가장 귀찮을 때가 가장 일하기 좋을 때"라며 일단 벌떡 일어나 보기도 하고요.

일하는 건 싫고 힘들 수밖에 없어요. 어떤 일을 하든 반드시 그런 순간이 찾아오죠. 그럴 때 이렇게 게으른 내가 싫다며 괜히 나를 괴롭히고 그래서 더 힘들게 만들지 말도록 해요. 그냥 어떤 전략이 이 힘든 과정을 그나마 도와줄 수 있는지 살펴보고, 친한 친구에게 이야기하듯 이런 방법들을 써 보자고 나를 다독여 봐요. 물론 환경도 바꿔 보고, 스트레스도 풀어 주고, 맛있는 것도 먹고, 좋은 것도 보면서 힘을 북돋아 주는 것도 좋은 방법입니다.

쉽지 않을 거라는 걸 미리 예상하기

한두 번 실패했다고 좌절해 버릇하는 건 삶을 너무 쉽게 보는 게 아닌가 싶기도 합니다. 세상에 쉬운 게 어딨어요. 뭘 하든지 당연히 실수하고 실패할 수밖에 없죠. 그런데 마치 전혀 예상하지 못했다는 듯 실패에 놀란다면, 삶을 너무 얕본 것 아닐까요?

많은 사람이 생각보다 '계획'을 엉망진창 짜는 모습을 보입니다. 예컨대 어떤 일을 일주일 정도면 할 수 있을 거라고 예상한다면 실제로는 2~3주 이상 걸리는 모습을 보입니다. 학생들도 직장인들도 학자들도 항상 어떤 일을 완성할 때까지 걸릴 시간을 실제보다 '과소평가'하는 경향을 보여요.

이는 현실을 다소 얕보기 때문인데요, 목표를 세우면 거기까지 가는 길이 '직선'일 것이라고 생각하고 계획을 세우는 거예요. 모든 것이 착착 진행될 거라고 예상하고 '그렇다면 얼마 얼마가 걸릴 것이다.' 하고요. 하지만 현실에선 착착 진행될 리가 있나요. 처음부터 가파른 오르막이었다가 오르막을 벗어나니 갑자기 절벽이 있고, 절벽을 지나니 늪이 나오고, 늪을 지나니 악어 떼가 도사리는 등 언제 어디서 예기치 못한 어려움이

GOAL

불쑥 나타날지 알 수 없잖아요. 오늘 하루만 더 놀자는 친구의 유혹부터, 갑자기 심한 감기에 걸렸다든가, 팀원들 사이에서 싸움이 나거나, 집안 문제가 생기는 등 발생할 수 있는 문제는 다양하죠.

네덜란드 흐로닝언대학교의 심리학자 안체 슈미트의 연구에 따르면, 최소한 생각처럼 쉽지만은 않을 것이라고, 분명 어려움이 발생할 것이라고 예상한 사람들이 그렇지 않은 사람들보다 도중에 어려움을 만나도 쉽게 좌절하지 않고 목표 달성까지 끈기 있는 모습을 보이는 편이었어요.[4] 목표를 향해 달려가는 도중에 문제가 발생하는 건 '자연스러운 일'이라는 걸 알고 있었기 때문에 문제가 발생했다고 해서 '이제 다 끝장이야!' 같은 호들갑을 떨지 않을 수 있었던 거죠. 또한 미리 어느 정도 문제에 대비할 수도 있었기 때문이고요.

어떤 일을 하다가 심하게 좌절하게 될 때 정말 끝장이라기보다 애초에 어려운 일인데 내가 지나치게 얕본 것은 아닌지 생각해 보는 것도 좋을 것 같아요. 만약 단순히 내가 일을 얕본 탓에 실패의 놀라움이 큰 것이라면, 다시 천천히 좀 더 현실적인 계획을 짜서 시도하면 될 테니까요.

하지만 여전히 자신에게 엄격하게 심한 소리를 하며 마구 채찍질을 해야 잘될 것만 같은 느낌이 있잖아요. 자기 분야에서 프로인 사람들은 어떤지 한번 살펴보기로 해요. 프로 탁구 선수들을 대상으로 경기 성적이 좋거나 많이 향상된 선수들과 그렇지 않은 선수들의 차이를 살펴본 연구에서 다음과 같은 결과가 나타났어요.[5]

먼저, 성적이 이미 좋거나 많이 향상된 선수들은 시합을 '위협'이라기보다 '도전'이라고 인식하는 편이었어요. 또한 시합에서 지더라도 배우는 것이 있기 때문에 지는 것을 낭비라거나 결코 있어선 안 되는 최악의 일이라고 생각하지 않는 편이었죠. 또한 이들은 스스로 사기를 돋우기 위한 혼잣말을 많이 하는 편이었는데요, 어려운 도전을 앞둔 친구를 대하듯 자신에게도 따뜻한 응원을 해 주었어요. "괜찮아. 잘될 거야. 결과가 어떻든 네가 너의 방식으로 노력해 왔다는 것을 나는 알아." 같은 것들 말이에요.

또한 두루뭉술하게 다 잘될 거라고 생각하기보다는 구체적으로 그동안 어떤 식으로 훈련해 왔으며 이런저런 위험에 대처하기 위해서는 이런저런 전략을 쓰면 된다고 상기하는 등, 마음속으로 계획을 세우고 그 계획들을 통해 자신이 준비된 상태임을 확인하는 모습을 보였어요. 덮어놓고 긍정적으로 생각하는 사고방식은 수행에 별다른 도움이 되지 않지만, 자신이 세운 계획

과 전략을 긍정적으로 생각해 보는 것은 도움이 된다는 연구들이 있었는데요, 비슷한 발견이죠. 불안은 본래 어떻게 될지 알 수 없다는 불확실성에서 비롯됩니다. 따라서 무작정 좋게 생각하기보다 '나는 준비되었으며, 고로 결과는 불확실하지 않다.'라는 느낌을 받으면 불안이 감소하게 되는 것이죠.

반면, 상대적으로 성적이 좋지 않고 실력 향상이 적은 편이었던 선수들은 시합을 앞두고 '좀 더 열심히 준비했어야 했다.'던가 '네가 하는 일이 항상 그렇지 뭐.' 등 자책이 심한 편이었습니다. 또한 상상 가능한 최악의 상황을 떠올리며 가뜩이나 심한 불안을 더욱 심화시키는 편이었어요. 예컨대 똑같이 패배하는 상황을 떠올리더라도 패배는 패배일 뿐 다음에 잘하면 된다고 생각하기보다 패배는 나 자신이 쓸모없는 인간이라는 증거라거나 이번에 지면 내 삶은 끝장난다는 식으로 나쁜 결과를 '개인화'하고 '과장'하는 정도가 심한 것으로 나타났습니다.

또한 이들은 불안에 사로잡히면 자신이 불안하다는 사실에 또 불안해하는 모습을 보였어요. 불안을 대할 때 중요한 일인 만큼 불안을 느끼는 것은 자연스러운 일이라고 대수롭지 않게 넘기기보다 '불안한데 어떡하지! 큰일 났어!'라며 불안 자체에 호들갑을 떠는 경향을 보였습니다.

어때요, 프로 선수들에게서 지금까지 우리가 살펴본 내용들이 보이나요? 1) 친구에게 하듯 나에게도 따뜻한 태도 보이기, 2) 내 마음을 평가하지 말고 이해하기, 감정을 이해하되 과장하지 말기 3) 쉽지 않을 것이라고, 실패는 자연스러운 것이라고 예상하고 실패에 호들갑 떨지 않기, 예상되는 어려움들에 차근차근 준비해 나가기 같은 것들이 보이죠?

내가 나의 따뜻한 지지자가 되어야 비로소 극도로 긴장되는 상황에서도 편안한 마음으로 프로다운 실력을 보일 수 있게 된다는 거예요. 프로가 되는 비결은 바로 '나를 잘 돌보기'라는 것입니다.

틀릴 용기가
지적인 사람을 만든다

다들 똑똑하고 현명한 사람이 되고 싶어 하잖아요. 그런 사람이 되는 것도 마찬가지예요. 정말 똑똑하고 현명한 사람들은 그렇지 않은 사람들보다 자신이 뭘 잘 모르고 실수하거나 틀릴 가능성에 관대한 편입니다.

지적인 사람은 그렇지 않은 사람들보다 절대로 틀려서는 안 된다거나 모르는 게 있어서는 안 된다는 말도 안 되는 기대를 하기보다 세상에는 내가 모르는 것이 매우 많으며 몰라도 괜찮다고, 하나하나 배워 가면 된다고 생각하는 편이라는 거예요.

모든 걸 다 알려고 집착해야 똑똑한 사람이 될 것 같은데, 반대로 틀려도 괜찮다고 생각해야 지적인 사람이 되는 이유는 뭘까요? 내가 무언가 모를 가능성을 고려하는 사람을 두고 '지적 겸손도'가 높다고 합니다. 반대로, 나는 틀려서는 안 되고, 틀릴 리도 없으며, 내가 항상 맞는다고 생각하는 사람을 가리켜 지적 겸손도가 낮다고 하고요. 그럼 지적 겸손도가 높은 사람들의 특징을 살펴볼게요.

1. 근거 중심

지적으로 겸손한 사람들은 그렇지 않은 사람들보다 '근거'에 신경을 많이 쓰는 편입니다. 어떤 주장이 있다면 그 주장을 뒷받침하는 근거가 탄탄한지, 근거가 빈약하거나 논리 비약이 심한 것은 아닌지 주의를 기울이는 편이고요. 자신의 생각과 다른 생각을 마주했을 때에도 방어적인 태도를 보이기보다 그 생각을 뒷받침하는 근거에는 어떤 것들이 있는지 주의를 기울입니다. 한 예로, 자신의 생각에 일치하는 글과 그렇지 않은 글을 읽게 했을 때 지적 겸손 정도가 높은 사람들이 그렇지 않은 사람들보다 기존 생각에 일치하는 글보다 일치하지 '않는' 글을 더 오래, 꼼꼼히 읽는다는 발견이 있었습니다.[6]

2. 진짜와 가짜를 구분하는 눈

이들은 '진짜'와 '가짜'를 구분하는 능력 또한 상대적으로 뛰어납니다. 실제 존재하는 사건들과 만들어 낸 가짜 사건들을 나열했을 때 지적 겸손도가 높은 사람이 그렇지 않은 사람보다 무엇이 실제로 일어났던 사건인지 더 잘 파악한다고 해요.[7] 또한 지적 겸손 정도가 낮은 사람보다 자신의 답이 틀렸을 때, 즉 잘 모르는 문제를 마주했을 때 자신이 옳다고 확신하는 정도가 덜했습니다. 즉 아는 것도 더 많지만, 모르는 걸 안다고 우기지 않고 모른다고 할 줄 아는 것 또한 지적 겸손도가 높은 사람이 더 잘한다는 것이죠.

3. 지적 호기심과 깊은 사고력

지적 겸손도가 높은 사람들은 그렇지 않은 사람들보다 배움에 대한 욕구가 더 큰 편이기도 합니다. 새로운 정보를 얻는 데 큰 흥미를 보이며 잘 모르는 게 있으면 배워서 모름을 해소하려는 욕구도

더 크지요. 또한 대체로 생각하길 즐기는 편인데요, 쉽게 해결되지 않는 이슈에 대해 이렇게도 생각해 보고 저렇게도 생각해 보는 걸 즐기고, 높은 사고력을 요하는 문제를 푸는 것 또한 좋아합니다.[8] '쉽고 확실한 답'보다는 어렵더라도 본질에 가까운 복잡한 설명을 선호하기도 하고요.

4. 몰라도 괜찮아

지적 겸손도가 높은 사람들은 틀렸을 때 과하게 충격을 받거나 화를 내는 일이 비교적 적습니다. 애초에 자신이 틀릴 가능성을 항상 마음에 두기 때문에 틀렸다고 해서 내가 잘못한 게 아니라고 방어적으로 굴지 않습니다. 이러한 특성 때문에 다양한 의견이 부딪치는 갈등 상황에서 다른 주장에도 비교적 열린 태도를 유지하고 존중하는 태도를 보이는 편이에요. 그 결과, 지적 겸손 정도가 높은 사람이 그렇지 않은 사람보다 조직에서 '좋은 리더'가 되는 경향이 나타나기도 합니다.[9] 자기가 다 맞고 남들은 다 틀렸다고 하는 사람이 리더라면 피곤할 테니까요.

내가 무언가 모른다는 것을 아는 게 진정한 배움의 시작이라고들 이야기합니다. 지적 겸손도가 높은 사람들은 자신이 모르는 걸 솔직히 인정하면서 점점 더 많은 지식을 쌓아 가고 점점 더 사회에 보탬이 될 것입니다. 하지만 지적 겸손도가 낮은 사람들은 발전 없이 늘 자기가 맞는다고 우기기만 하면서 사람들한테 피해를 끼칠 수 있겠죠.

조금도 틀리는 걸 용납하지 않는 등 나에게 아주 엄한 태도를 취해야 똑똑한 사람이 될 것 같은데, 사실은 정반대라는 거

예요. 틀리는 걸 용납하지 않을수록 틀렸다는 사실을 인정할 때 충격이 크잖아요. 그래서 틀렸는데도 틀리지 않았다며 현실을 부정하고, 자기가 맞다고 더 우기는 꽉 막힌 사람이 되어 버리고 말거든요. 프로가 되는 비결과 마찬가지로, 얼마든지 틀릴(못할) 수 있고, 틀려도(못해도) 괜찮다고 생각해야 진정한 배움과 성장을 시작할 수 있다는 것, 기억해요.

나가며

오늘부터 자기 자비

내가 나를 열렬히 좋아할 것까지는 없습니다. 다만 친구를 항상 비판적으로 바라보지 않고 어여쁘게 바라보듯 나에게도 따뜻한 시선을 보낼 수 있으면 되는 거예요.

지금까지 살펴본 내용을 정리하면 다음과 같습니다.

1. 세상에 완벽한 사람은 없다는 사실을 알기. 모두가 실수하고 실패하듯 나 또한 그럴 것임을 알고 자연스럽게 받아들이기
2. 세상에서 내가 가장 힘든 것처럼 느껴질 때가 있지만 그럴 때에도 다른 사람들 역시 나름의 고민을 가지고 있음을 기억하기
3. 힘들어하는 사람에게 당연히 그래야 하듯, 힘들어하는 나 자신에게도 따뜻하게 대하기
4. 친구에게 하듯 내 마음의 소리에도 귀를 기울이고, 나를 이해해 주기. 나를 평가하지 말기

1, 2번을 '보편적 인간성'이라고 부릅니다. 인간은 다 그렇다는 걸 깨달아야 한다는 거죠. 3번은 '자기 친절'이라고 부릅니다. 마지막 4번은 마음을 평가하지 않고 있는 그대로 들어 준다고 해서 '마음 챙김'이라고 불러요.

저는 한때 자존감에 집착했던 적이 있어요. 나는 멋지고 대단

한 사람이라고 생각하려 애썼고, 혹시라도 실패해서 자존감이 추락하지 않을까 걱정하기도 했습니다. 자존감에 대한 고민이 많았어요. 하지만 자존감에 집착하면 할수록, 나를 좋아하려고 애쓰면 애쓸수록 계속해서 이것밖에 안 된다며 나를 평가하고, 더 잘해야 한다며 채찍질하는 나를 발견했어요. 행복해지기는커녕 힘들어지기만 했지요.

자기 자비를 접하고 난 뒤부터는 많은 게 달라졌어요. 문제는 내가 자꾸 나를 평가하고 나한테 잔소리를 쏟는다는 데 있다는 사실을 깨달았거든요. 그래서 뭘 어떻게 해도 스스로 불만과 자책이 많았던 거였어요.

이걸 깨닫고 난 뒤부터 나에 대한 생각을 좀 줄이기 시작했어요. 나의 외모, 행동 하나하나를 살피며 트집 잡는 시간을 대폭 줄이고 차라리 하늘을 한 번 더 쳐다보고, 친구들과 대화를 나누고, 귀여운 강아지랑 고양이 사진을 한 번 더 찾아봤어요. 나에 대한 평가를 줄이는 것만으로도 마음이 많이 편해졌답니

다. 거기에 더해 친구를 대하듯 따뜻한 태도로 나를 대하기 시작하면서 처음으로 '내가 멋지지 않아도, 대단하지 않아도 나는 나를 좋아할 수 있다.'는 것을 알게 되었어요. 내가 내 친구를 좋아하는 것과 같은 마음으로요. 완벽해지려고 엄청나게 노력을 쏟지만 애초에 불가능하기 때문에 계속해서 좌절하는 일에서도 조금 벗어날 수 있게 되었어요.

지금은 왜 자존감 같은 걸로 고민했는지 모르겠을 정도로 어디서 뭘 하든 내가 싫지 않을 거라는 안정감을 느끼고 있습니다. 삶이 어떻게 되든지 나는 나일 것이며, 그런 나를 받아 줄 수 있을 거라는 묘한 자신감이요. 최고의 친구를 영원히 곁에 두는 것 같다고 할까요?

어렸을 때는 저도 미래에 대한 막연한 불안 때문에 걱정이 많았던 것 같습니다. 다른 사람들은 훨씬 열심히 하는데 네가 이래서 되겠냐고 나를 채찍질한 적도 많았어요. 만약 그때의 저를 만날 수 있다면 이렇게 얘기해 주고 싶어요. 지금도 충분히 잘하고 있다고, 너는 네가 생각하는 것보다 생각이 많고 경험을 통해 배우며 잘 성장하고 있다고 말이에요. 물론 쉽지 않은 일도 많을 테고, 실패도 많이 할 거라는 얘기도 빼놓지 않을 거예요. 하지만 채찍을 내려놓고 네가 너의 가장 든든한 지원군이

되면 어떤 일이 생겨도 무너지지 않고 다시 일어날 수 있을 거라고 토닥여 주고 싶어요. 그러니 불안해하지 말라고 말이죠.

이 책에서 살펴본 보편적 인간성에 대한 깨달음, 자기 친절, 마음 챙김, 이 세 가지 요소가 모여 자기 자비를 이룬답니다. 힘들 때마다 잊지 말고 꼭 꺼내 보도록 해요. 어느덧 나와 함께하는 시간이 한결 편안하게 느껴질 거예요. 그러다 보면 자연스럽게 내가 좋아지기도 할 겁니다. 그건 분명 행복한 느낌일 거예요.

추천 작품

마음속 고민과 성장을 다루고 있는 작품을 소개합니다

『나를 찾는 심리 탐구서』, 박진영 지음, 위즈덤하우스, 2017

청소년기는 '자아'를 찾는 시기라고들 하는데요, 자아라는 게 과연 뭘까요? 부모님, 선생님, 친구 등 타인의 영향 속에서도 나만의 무엇을 발견한다는 건 어떤 것인지에 대해 다양한 심리학 연구를 예로 들어 소개하고 있습니다.

『반 고흐, 영혼의 편지』, 빈센트 반 고흐 지음, 신성림 옮김, 위즈덤하우스, 2017

화가 반 고흐가 동생 테오에게 보낸 편지들을 엮은 책입니다. 고흐라고 하면 우울하고 어두운 이미지를 떠올리기 쉽지만, 그가 그림을 그릴 때만큼은 세상 그 누구보다도 행복했음을 알 수 있지요. 고흐에게 그림이 그랬던 것처럼 나에게도 언젠가 심장을 뛰게 할 무엇이 나타날까요?

<미스 리틀 선샤인>, 조나단 데이턴 · 발레리 페리스 감독, 2006

사람들은 다 제각각이니까, 가족들도 집집이 서로 다른 모습을 하고 있겠죠. 괴상해도 사랑스러울 수 있다는 걸 보여 주는 영화입니다. 어떤 모습을 하고 있고 얼마나 이상하든, 서로를 진심으로 아끼고 사랑한다면 그것만으로 괜찮은 가족인 게 아닐까요?

<인사이드 아웃>, 피트 닥터 감독, 2015

기쁨, 슬픔, 화, 까칠함, 소심함 등 사람이라면 누구나 가지고 있는 감정들이 다양한 상황에서 등장해 적절히 우리를 돕는 모습을 그리고 있습니다. 쓸데없고 바보 같은 감정이라는 건 없다는 걸 잘 알려 주지요.

<에이스 그레이드>, 보 번햄 감독, 2018

친구들로부터 미움받고 혼자가 되는 것만큼 무서운 일이 없죠. 다른 사람들에게 멋지고 인기 있는 사람으로 보이고 싶기도 하고요. 이처럼 평범하지만 치열한 고민을 하며 살아가고 있는 우리들의 모습을 생생하게 담고 있습니다. 고민해도 괜찮다고, 그 시간을 견뎌 내고 있는 것만으로도 아주 잘하고 있는 거라는 메시지를 주는 영화입니다.

참고 문헌

Intro. 내가 나의 가장 좋은 친구가 될 수는 없을까요?

1 Leary, M. R., Tate, E. B., Adams, C. E., Batts Allen, A., & Hancock, J. (2007). Self-compassion and reactions to unpleasant self-relevant events: The implications of treating oneself kindly. Journal of Personality and Social Psychology, 92(5), 887-904.

Part 1. 평가하지 말고 이해해 줘요

1 Bushman, B. J., Baumeister, R. F., & Stack, A. D. (1999). Catharsis, aggression, and persuasive influence: Self-fulfilling or self-defeating prophecies? Journal of Personality and Social Psychology, 76, 367-376.

2 Mauss, I. B., Tamir, M., Anderson, C. L., & Savino, N. S. (2011). Can seeking happiness make people unhappy? Paradoxical effects of valuing happiness. Emotion, 11, 807-815.

3 Kuster, F., Orth, U., & Meier, L. L. (2012). Rumination mediates the prospective effect of low self-esteem on depression: A five-wave longitudinal study. Personality and Social Psychology Bulletin, 38, 747-759.

4 Feldman, G. C., Joormann, J., & Johnson, S. L. (2008). Responses to positive affect: A self-report measure of rumination and dampening. Cognitive Therapy and Research, 32, 507-525.

5 Kille, D. R., Eibach, R. P., Wood, J. V., & Holmes, J. G. (2017). Who can't take a compliment? The role of construal level and self-esteem in accepting positive feedback from close others. Journal of Experimental Social Psychology, 68, 40-49.

6 Crandall, C. S. (1994). Prejudice against fat people: Ideology and self-interest. Journal of Personality and Social Psychology, 66, 882-894.

7 Alperin, A., Hornsey, M. J., Hayward, L. E., Diedrichs, P. C., & Barlow, F. K. (2014). Applying the contact hypothesis to anti-fat attitudes: Contact with overweight people is related to how we interact with our bodies and those of others. Social Science & Medicine, 123, 37-44.

8 Shannon, A., & Mills, J. S. (2015). Correlates, causes, and consequences of fat talk: A review. Body Image, 15, 158-172.

9 Webb, J. B., Fiery, M. F., & Jafari, N. (2016). "You better not leave me shaming!": Conditional indirect effect analyses of anti-fat attitudes, body shame, and fat talk as a function of self-compassion in college women. Body Image, 18, 5-13.

Part 2. 고민해도 괜찮아요

1 Williams, K. D. (2007). Ostracism: The kiss of social death. Social and Personality Psychology Compass, 1, 236-247.

2 Gilovich, T., Medvec, V. H., & Savitsky, K. (2000). The spotlight effect in social judgment: An egocentric bias in estimates of the salience of one's own actions and appearance. Journal of Personality and Social Psychology, 78, 211-222.

3 Langens, T. A., & Schüler, J. (2005). Written emotional expression and emotional well-being: The moderating role of fear of rejection. Personality and Social Psychology Bulletin, 31, 818-830.

4 Coyne, J. C., & Downey, G. (1991). Social factors and psychopathology: Stress, social support, and coping processes. Annual Review of Psychology, 42, 401-425.

5 Bohns, V. K., Roghanizad, M. M., & Xu, A. Z. (2014). Underestimating our influence over others'unethical behavior and decisions. Personality and Social Psychology Bulletin, 40,348-362.

6 Brooks, A. W., Gino, F., & Schweitzer, M. E. (2015). Smart people ask for (my) advice: Seeking advice boosts perceptions of competence. Management Science, 61, 1421-1435.

7 Zelenski, J. M., Whelan, D. C., Nealis, L. J., Besner, C. M., Santoro, M. S., & Wynn, J. E. (2013). Personality and affective forecasting: Trait introverts underpredict the hedonic benefits of acting extraverted. Journal of Personality and Social Psychology, 104, 1092-1108.

8 Silvia, P. J., & Kwapil, T. R. (2011). Aberrant asociality: how individual differences in social anhedonia illuminate the need

to belong. Journal of Personality, 79, 1315-1332.

9 Kumar, A., & Epley, N. (2018). Undervaluing gratitude: Expressers misunderstand the consequences of showing appreciation. Psychological Science, 29, 1423-1435.

Part 3. 뭐든지 잘할 수는 없어요

1 Amitay, O. A., Mongrain, M., & Fazaa, N. (2008). Love and control: Self-criticism in parents and daughters and perceptions of relationship partners. Personality and Individual Differences, 44, 75-85.

2 Sachs-Ericsson, N., Verona, E., Joiner, T., & Preacher, K. J. (2006). Parental verbal abuse and the mediating role of self-criticism in adult internalizing disorders. Journal of Affective Disorders, 93, 71-78.

3 Smith, M. M., Sherry, S. B., Vidovic, V., Saklofske, D. H., Stoeber, J., & Benoit, A. (2018). Perfectionism and the five-factor model of personality: A meta-analytic review. Personality and Social Psychology Review, 1088868318814973.

4 Kahneman, D., Krueger, A. B., Schkade, D., Schwarz, N., & Stone, A. A. (2006). Would you be happier if you were richer? A focusing illusion. Science, 312, 1908-1910.

5 (Feb 6, 2019). Perfectionists become more neurotic and less conscientious as time passes. PsyPost. https://www.psypost.org/2019/02/perfectionistsbecome-more-neurotic-and-less-conscientiousas-time-passes-53093

6 Di Paula, A., & Campbell, J. D. (2002). Self-esteem and persistence in the face of failure. Journal of Personality and Social Psychology, 83, 711-724.

7 Vallerand, R. J., Blanchard, C., Mageau, G. A., Koestner, R., Ratelle, C., Léonard, M., ... & Marsolais, J. (2003). Les passions de l'ame: On obsessive and harmonious passion. Journal of Personality and Social Psychology, 85, 756-767.

Part 4. 나를 돌보며 나아가는 법

1 Stavrova, O., Pronk, T., & Kokkoris, M. D. (2018). Choosing goals that express the true self: A novel mechanism of the effect of self-control on goal attainment. European Journal of Social Psychology, https://doi.org/10.1002/ejsp.2559

2 Moller, A. C., Deci, E. L., & Ryan, R. M. (2006). Choice and ego-depletion: The moderating role of autonomy. Personality and Social Psychology Bulletin, 32, 1024-1036.

3 Hennecke, M., Czikmantori, T., & Brandstätter, V. (2018). Doing despite disliking: Self-regulatory strategies in everyday aversive activities. European Journal of Personality.

4 Schmitt, A., Gielnik, M. M., & Seibel, S. (2018). When and how does anger during goal pursuit relate to goal achievement? The roles of persistence and action planning. Motivation and Emotion, 43, 205-217.

5 Kubiak, J., Rother, S., & Egloff, B. (2019). Keep your cool and win the game: Emotion regulation and performance in table tennis. Journal of Personality, https://doi.org/10.1111/jopy.12451.

6 Deffler, S., Leary, M. R., & Hoyle, R. H. (2016). Knowing what you know: Intellectual humility and judgments of recognition memory. Personality and Individual Differences, 96, 255-259.

7 6과 동일

8 Leary, M. R., Diebels, K. J., Davisson, E. K., Jongman-Sereno, K. P., Isherwood, J. C., Raimi, K. T., Deffler, S. A., & Hoyle, R. H. (2017). Cognitive and interpersonal features of intellectual humility. Personality and Social Psychology Bulletin, 43, 793-813.

9 McElroy, S. E., Rice, K. G., Davis, D. E., Hook, J. N., Hill, P. C., Worthington, E, L., Jr., & Van Tongeren, D. R. (2014). Intellectual humility: Scale development and theoretical elaborations in the context of religious leadership. Journal of Psychology and Theology, 42, 19-30.

자기 자비, 나와 친해지는 연습

나는 나를 돌봅니다

초판 1쇄 펴낸날 | 2021년 9월 6일
초판 2쇄 펴낸날 | 2021년 11월 23일

지은이 | 박진영
펴낸이 | 홍지연
펴낸곳 | ㈜우리학교

총괄본부장 | 김영숙
편집장 | 고영완
편집 | 정아름 김선현 전희선 한지연
일러스트 | 안난초
디자인 & 아트디렉팅 | 스튜디오 헤이,덕
디자인 | 남희정 박태연
마케팅 | 강점원 최은 이희연
관리 | 정상희
인쇄 | 에스제이 피앤비

출판등록 | 제313-2009-26호(2009년 1월 5일)
주소 | 03992 서울시 마포구 동교로 23길 32 2층
전화 | 02-6012-6094
팩스 | 02-6012-6092
홈페이지 | www.woorischool.co.kr
이메일 | woorischool@naver.com

ISBN 979-11-6755-009-5 43180

• 책값은 뒤표지에 적혀 있습니다.
• 잘못된 책은 구입한 곳에서 바꾸어 드립니다.